Christiane Münchenberg

JERSEY T-SHIRTS *nähen*

Der große Schnitt-Baukasten für 1000 Styles

CV

Vita

Geboren wurde ich in St. Veit an der Glan in Kärnten / Österreich. Schon als Kind ging ich regelmäßig zum kleinen Stoffgeschäft am Ende unserer Straße, um aus den dort erbettelten Stoffmusterlaschen und -resten Kleider für meine Barbies zu nähen. Schon immer liebte ich das kreative Arbeiten mit verschiedensten Materialien.

Während meiner dualen Ausbildung an der Bundeslehranstalt für Mode und Bekleidungstechnik in Villach absolvierte ich ein Praktium bei einem kleinen Konfektionär in München, verliebte mich in die Stadt und beschloss, nach dem Schulabschluss wiederzukommen. So zog ich 1992 mit Matura und Schneidergesellenprüfung in der Tasche nach München. Zunächst sammelte ich in meiner Gesellenzeit wertvolle praktische Erfahrungen in einem Musteratelier. Beste Voraussetzungen für meine anschließende Weiterbildung an der Deutschen Meisterschule für Mode in München, wo ich die Meisterprüfung ablegte und darauf als staatlich geprüfte Schnitt- und Entwurfsdirektrice erfolgreich abschloss.

Von 1998 an arbeitete ich als Schnittdirektrice in verschiedenen Modefirmen, bis ich mich 2018 als Schnitt- und Produktentwicklerin mit ***Schnitt & Co.*** selbstständig machte (www.schnitt-co.de).

Die kreative wie auch technische Umsetzung von Ideen, die Entwicklung eines Modells von der ersten Idee bis zum fertigen Kleidungsstück ist es, was mir Spaß macht und mich immer wieder antreibt.

Mit meinem Mann und unseren beiden Kindern lebe ich in Oberhaching bei München.

Vorwort

Liebe Leserinnen, liebe Leser,

sie sind mittlerweile so beliebt, dass es sogar einen internationalen T-Shirt-Tag gibt. Aber wen wundert es: T-Shirts sind einfach Allround-Talente, die nicht mehr aus unserem Kleidungsschrank wegzudenken sind. Aus Jersey genäht sind sie so angenehm und vielseitig zu tragen!
Die Ursprünge des T-Shirts findet man angeblich schon bei den Matrosen, die unter ihren Hemden kurze Shirts trugen, um Brustbehaarung und Tätowierungen abzudecken. Anfangs aus kratziger Wolle gefertigt, wurden die Shirts bald aus weicherem Baumwolljersey hergestellt.

In die Welt der Mode wurde das T-Shirt in den 50er-Jahren aufgenommen, als Hollywood-Lieblinge wie James Dean im weißen, körperbetonten Oberteil ihre Fans schmachten ließen. Heute ist dieses Kleidungsstück in T-Form ein Alleskönner: Vom Basic-Look bis hin zu außergewöhnlichen Kreationen haben T-Shirts für jeden etwas zu bieten.

Unser Buch bietet genau diese Vielfalt: Vom schlichten Shirt bis hin zum auffälligen It-Piece haben wir Modelle zusammengestellt, deren zugehörige Schnitteile untereinander vielseitig kombinierbar sind.

Ausgehend von vier Grundformen können Sie sich T-Shirts ganz nach Ihren Wünschen nähen.
Bewusst haben wir bei unseren Modellvorschlägen auf bedruckte Jerseys verzichtet, damit nichts von Schnittdetails und Verarbeitungstechniken ablenkt. Die nötigen Arbeitsschritte finden Sie ausführlich am Ende des Buches mit vielen Step-by-Step-Fotos erklärt.

Viel Freude beim Nähen!

Christiane Münchenberg

Inhalt

Schwierigkeitsgrad:

●○○ = einfach

●●○ = mittel

●●● = anspruchsvoll

Gut zu wissen

Die richtige Stoffwahl

T-Shirts und Jersey gehören einfach zusammen. Es gibt eine Vielzahl an Qualitäten im Handel, die unsere Näh-Herzen höherschlagen lassen.
Jersey zählt zu den sogenannten Wirkwaren. Im Gegensatz zu den Geweben, die aus sich kreuzenden Fäden entstehen, werden Wirk- und Strickwaren aus Maschen gebildet, die sich ineinander hängen. Die Vorzüge, die sich daraus ergeben, sind allen voran die bequeme Tragfähigkeit, die sich durch die Elastizität der Ware ergibt, die Anschmiegsamkeit sowie die geringere Knitteranfälligkeit. Häufig sind Jerseyqualitäten aus Naturfasern wie Baumwolle, Viskose und Modal, oft auch als Mischqualitäten mit Chemiefasern. Mittlerweile gibt es auch schon viele tolle Bio-Qualitäten sowie nachhaltig erzeugte Jerseys, die Ihrem T-Shirt noch einen besonderen Mehrwert geben. Durch die Beimischung von Elasthan wird die grundsätzliche Dehnbarkeit von Jersey stabilisiert, er wird elastisch und springt nach dem Dehnen wieder in seine ursprüngliche Form zurück.

Für unsere T-Shirts eignen sich besonders folgende Jerseyarten:

Single Jersey Der Stoff ist einseitig gestrickt, also auf der rechten Seite sind nur rechte Maschen, auf der linken nur linke Maschen sichtbar. Single Jersey ist weich, angenehm dehnbar und rollt sich an den Kanten leicht ein. Häufig gibt es Single Jersey auch mit Drucken (Prints) auf der Vorderseite.

Interlock Jersey Er sieht auf beiden Seiten gleich aus, weil er durch zwei Fäden beidseitig gestrickt wird. Er zeichnet sich durch eine hohe Dehnbarkeit und Strapazierfähigkeit aus. Interlockjersey ist aber auch dicker und hat, sofern ohne Elastananteil, geringere Rücksprungkraft, d.h. er leiert auch eher aus. Hier sollte bei der Modellwahl auf eine weitere Schnittform zurückgegriffen werden.

Feinripp Durch rechte und linke Maschen in einer Reihe entsteht eine Rippenstruktur in Längsrichtung. Insbesondere mit einem Elasthan-Anteil weist Feinripp hohe Elastizität und Rücksprungeigenschaften auf und findet somit für T-Shirts sowie als Hals-, Ärmel- und Hüftbündchen Verwendung.

Jacquard-Jersey In diese Interlockqualität werden Muster eingestrickt, welche auf der Rückseite in den gegengleichen Farben zur Vorderseite sichtbar werden. Für T-Shirts ist Jacquard-Jersey nur in leichter Qualität geeignet.

Pflege

Für alle Jerseyarten gilt: Waschen Sie den Jersey VOR dem Zuschnitt Ihres T-Shirts, damit er während des Nähens durch Bügeln oder spätere Waschgänge nicht mehr einlaufen kann!

Die richtigen Pflegehinweise erhalten Sie meist schon beim Kauf Ihres Stoffes. Je nach Qualität können Sie Jersey problemlos bei 30°-40°C in der Waschmaschine waschen. Oft wird der Schonwaschgang empfohlen, der Wäschetrockner sollte tabu sein, da sich Jersey verziehen und somit die Form verlieren kann. Manche schwereren Jerseys sollten besser liegend statt hängend getrocknet werden. Falls dies überhaupt erforderlich ist, sollte beim Bügeln kein zu starker Druck ausgeübt und nur von links gebügelt werden.

Bei jedem unserer Modelle sind die verwendeten Jerseys mit dem Stoffverbrauch pro Größe angegeben. Dieser Verbrauch bezieht sich auf die Stoffbreite des ungewaschenen Materials. Falls abweichend Jersey mit einer anderen Breite gewählt wird, verändert sich natürlich der Stoffverbrauch.

Einlagen

Um die Bequemlichkeit und Dehnfähigkeit des Jerseys nicht einzuschränken, wird für unsere T-Shirts Fixiereinlage nur für solche Teile oder Stellen verwendet, die unbedingt eine Verstärkung erfordern, damit nichts ausgedehnt oder verzogen wird. Die Einlage wird auf der linken Seite mit der Klebeseite nach Herstellerhinweis aufgebügelt. Ideal dafür ist eine bi-elastische Einlage, z. B. Vlieseline G785.

Grundausstattung

Zur unverzichtbaren Grundausstattung gehören:

- Nähmaschine / Overlockmaschine, ggf. Coverlockmaschine
- Bügeleisen, Bügeltuch
- Jersey-Nadeln in der passenden Stärke
- Folgende Nähutensilien sollten stets vorrätig sein. Sie werden in den Anleitungen nicht noch einmal gesondert aufgeführt:
- Nähgarn (Polyestergarn ist empfehlenswert, da es dehnbarer ist)
- Zuschneideschere (evtl. Rollschneider für gerade Stoffstücke, hierzu eine Schneidematte)
- kleine Fadenschere
- Maßband und Handmaß
- Schnittmusterpapier oder -folie und Stift
- Schneiderkreide / Markierstift (Trickmarker)
- Lineal
- Stecknadeln, Stoffklammern
- Nahttrenner (falls Sie sich vernäht haben)
- Durchziehnadeln (Sticknadel mit größerem Öhr), Sicherheitsnadeln

Schnittmuster

Zu jeder Grundform ist angegeben, welche Schnittteile sie benötigt oder dazu kombiniert werden können, sowie auf welchem Schnittbogen sie gefunden werden können. Auch bei unseren Modellvorschlägen sind die Schnittteile nochmals aufgelistet.

Dem Schnittteil ist für jede Größe eine eigene Linienart zugewiesen, die Einteilung dazu finden Sie sowohl auf dem Schnittbogen als auch unter dem Kapitel Größen. Hier kann auch die passende Größe ermittelt werden.

Die ermittelten Linien und Markierungen genau auf Schnittpapier oder -folie abpausen. Die Schnittteile enthalten **keine Naht- und Saumzugaben**. Diese bitte vor dem Ausschneiden je nach Wunsch hinzufügen! Gerade bei Jersey ist es einfacher, diese Zugaben direkt am Papierschnitt anzuzeichnen und entlang dieser Kanten zuzuschneiden.
Die **Breite der Nahtzugaben** richtet sich danach, mit welcher Maschine die Naht geschlossen wird. Für das Nähen mit der Overlock beträgt sie je nach Stichwahl 0,5 cm – 0,7 cm, bei der normalen Nähmaschine nimmt man meist 1 cm.
Aber **Achtung:** Bei eingefassten Kanten sind keine Nahtzugaben hinzuzufügen!
Die **Saumzugaben** sind bei den folgenden Modellen in der Regel 1,5 cm – 2 cm breit, können aber je nach Stoffqualität und Geschmack auch verschmälert oder verbreitert werden. Ausnahme bilden gerundete Säume, hier sollte die Saumzugabe maximal 1,5 cm breit sein.
Bei Säumen mit Rollkante oder eingefassten Säumen ist keine Nahtzugabe hinzuzufügen. Wird ein Gummiband in den Saum eingezogen, richtet sich die Saumzugabe nach der Breite des Gummis (siehe dazu auch *Gummiband einziehen auf Seite 119*).

Die richtige Größe

Um die richtige Größe zu ermitteln, vergleichen Sie Ihre Maße mit den Maßen aus den Tabellen.

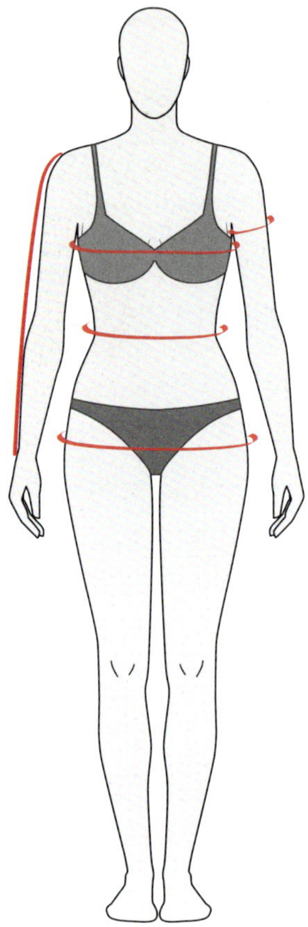

Richtiges Maßnehmen

- Die Oberweite an der stärksten Stelle der Brust messen
- Die Taille wird an der schmalsten Stelle des Körpers gemessen.
- Für die Hüftweite suchen Sie die breiteste Stelle um den Po und messen diese aus.

Idealerweise haben Sie hierbei eine helfende Hand, so werden die Messungen meist genauer.

Größenwahl

Für eine gute T-Shirt-Passform ist das wichtigste Maß der Brustumfang. Orientieren Sie sich bei der Wahl der Größe vor allem daran.
Wenn Sie zwischen zwei Größen liegen, sollten Sie sich überlegen, ob Sie Ihre Shirts gerne etwas lockerer oder lieber körpernah tragen. Dementsprechend wählen Sie die nächstliegende Größe aus.

Es ist auch möglich, dass Ihre gewohnte Konfektionsgröße nicht mit der aus unserer Tabelle übereinstimmt. Da diese von Hersteller zu Hersteller unterschiedlich sind, richten Sie sich bitte nach der folgenden Maßtabelle.

Konfektionsgröße	**34**	**36**	**38**	**40**	**42**	**44**	**46**	**48**
Brustumfang	80	84	88	92	96	100	104	110
Taillenumfang	65	68	72	76	80	84	88	95
Hüftumfang	89	93	97	101	105	109	113	118
Armlänge	59,5	59,5	60	60	60,5	61	61	61,5
Oberarmumfang	26,5	27	28	29,5	30,5	31,5	33	35

(Angaben in cm)

Bestimmen der nötigen Schnittteile

Jedes Schnittteil stellen wir auf den Schnittbögen in den Größen 34 bis 48 zur Verfügung. Dabei haben wir jeder Größe eine eigene Linienart zugewiesen. Diese Linienart ist bei allen Schnittteilen einer Größe stets identisch. Benötigen Sie also mehrere Schnittteile, können Sie sich leicht an immer derselben Linienart orientieren, um die Schnittteile auch alle in Ihrer gewählten Größe abzupausen oder auszuschneiden, sodass alle Teile perfekt zueinanderpassen.

Größe

Größe 34
Größe 36
Größe 38
Größe 40
Größe 42
Größe 44
Größe 46
Größe 48

Schnittteil durchpausen

Innere Linie
Umbruch / Falz
Anlegelinie
Stepp
Naht

Zuschnitt

Schnittmuster, die im Stoffbruch zugeschnitten werden, müssen mit der Bruchkante an die Stofffalte des doppelt gelegten Stoffes gelegt werden. Bei T-Shirts sind z. B. Vorder- sowie Rückteil oft im Bruch, das bedeutet, dass der Stoff für diese Teile an beiden Längsseiten zur Mitte hin rechts auf rechts umgelegt werden muss. Angegeben ist das bei den Schnittteilen mit 1x im Stoffbruch oder 2x im Stoffbruch.

Anschließend wird der Stoff wieder zur Hälfte umgelegt und es können die Teile zugeschnitten werden, die jeweils spiegelverkehrt benötigt werden, z. B. Ärmel und Kapuze. Sie werden mit 2x gegengleich oder 4x gegengleich aufgelistet.

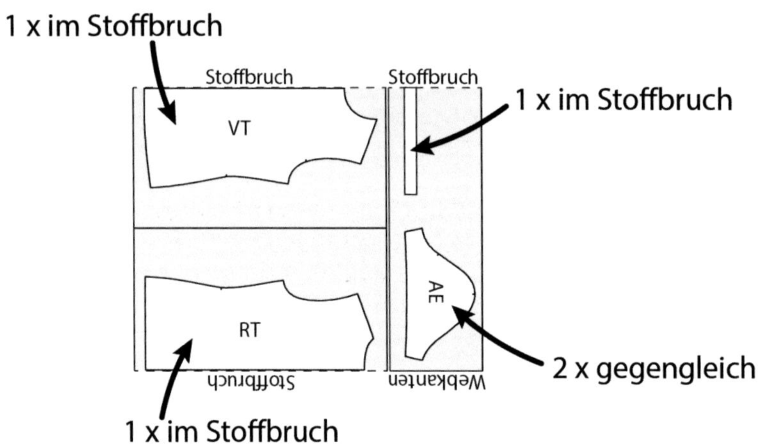

Passen Teile nicht auf den doppelt gelegten Stoff oder wird ein Teil nur einmal benötigt, so ist das mit 1x offen bezeichnet. Das Teil wird dann einlagig zugeschnitten.

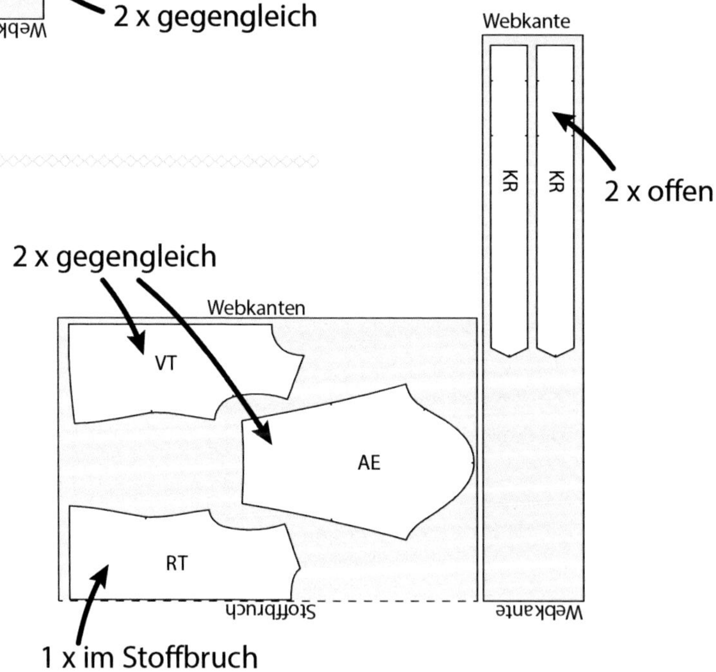

Die Schnittteile immer in der angegebenen Richtung, dem **Fadenlauf**, auf den Stoff auflegen. Jersey besteht als Maschenware aus ineinandergreifenden Schlingen, den Maschenstäbchen. Die senkrechten Reihen der Maschenstäbchen entsprechen dem Fadenlauf der Webstoffe, welcher immer parallel zur Stoff- bzw. Webkante verläuft. Auf den Schnittteilen wird der Fadenlauf jeweils durch einen Richtungspfeil eingezeichnet.

Die meisten Schnittmuster sind mit Abpassmarkierungen versehen. Diese Markierungen während des Zuschnittes anhand von kurzen Einschnitten innerhalb der Nahtzugabe (Knipsen) oder mit Hilfe eines Markierstiftes bzw. einer Schneiderkreide übertragen.
Markierungen, die auf der rechten Stoffseite benötigt werden (z. B. Knopflöcher), am besten mit einem Trickmarker übertragen.

Anleitungen

In den Modellanleitungen gibt es immer wieder *farbig markierte Verweise* auf die detaillierten Step-by-Step-Erklärungen im Anhang. Hier sind einzelne Arbeitsschritte nochmal mit Bildern anschaulich und genau erklärt. Die Modellanleitung bezieht sich genau auf das vorgestellte Shirt. Ist dabei der Saum beispielsweise mit der Coverlock genäht, ist das dementsprechend beschrieben. Oftmals gibt es aber auch verschiedene Möglichkeiten der Verarbeitung, schlagen Sie dafür ruhig auf den entsprechenden Seiten der Step-by-Step-Anleitungen nach.

Nähen

Die Stoffteile, die zusammengenäht werden sollen, am besten immer zuerst mit Stecknadeln oder Stoffklammern fixieren. So können Sie beim Nähen nicht verrutschen und es bilden sich keine ungewollten Falten. Stecknadeln stets quer zum Nahtverlauf mit dem Nadelköpfchen zur Schnittkante stecken, so kann die Stecknadel beim Nähen am leichtesten entfernt werden.
Ideal bei Jersey ist auch das Fixieren mit Stoffklammern.

Wir empfehlen für unsere T-Shirts, die Nähte mit einer **4-Faden-Overlock** zu schließen. Dabei werden zwei Stofflagen zusammengenäht, versäubert und die überschüssige Nahtzugabe wird gleichzeitig abgeschnitten. Zugleich ist die Naht dehnbar.
Aber auch mit der normalen **Haushaltsnähmaschine** kann man Jersey verarbeiten, viele Maschinen haben allerlei Stiche, die perfekt für das Nähen von elastischen Stoffen geeignet sind. Das Versäubern der Nahtzugaben kann dann z. B. mit einem Zick-Zack-Stich erfolgen.

Da sich die einzelnen Materialien unterschiedlich verhalten, immer zunächst eine Näh- und Steppprobe machen! Außerdem gilt für beide Maschinenarten, dass während des Nähens kein Zug ausgeübt werden soll, es sei denn, es ist explizit in der Anleitung vorgesehen, z. B. beim Annähen eines Bündchens. Es können Wellen in der Naht entstehen, die nicht mehr rückgängig gemacht werden können.
Wichtig ist auch, immer **Jersey-Nähnadeln** zu verwenden. Deren Spitze ist abgerundet und verhindert so ein Beschädigen der Maschen. Je feiner die Maschenstruktur des Stoffes ist, desto feiner sollte auch die Nadel sein.

Bügeln

Bei einigen Modellen ist das Bügeln während der Verarbeitung unerlässlich. Aber auch sonst ist ein Bügeln zwischendurch empfehlenswert, weil es bereits etwas ausgedehnte Nähte wieder schön akurat aufeinander liegen lässt und die weiteren Arbeitsschritte damit vereinfacht. Hilfreich ist es auch bei Stellen, zu denen man am Ende nicht mehr so leicht hinkommt. Sie sind im noch nicht ganz vernähten Zustand viel leichter zu bügeln als später. Um Bügelglanz zu vermeiden, ist ein dünnes Baumwolltuch als Zwischenlage sinnvoll. Auf jeden Fall nie zu fest anpressen!

Der richtige Weg zu Ihrem Wunsch-Shirt

Wir arbeiten mit 4 Grundformen:

T-Shirt mit eingesetztem Ärmel

Tamina

... ein taillierter Schnitt

Lisann

... ein körper-umspielender Schnitt

T-Shirt mit überschnittener Schulter

Enya

... ein taillierter Schnitt

Mavie

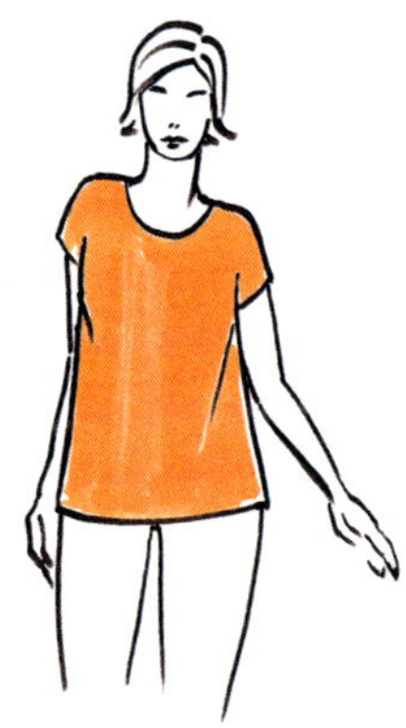

... ein körper-umspielender Schnitt

Blättern Sie durch die folgenden Seiten und lassen Sie sich inspirieren. Wählen Sie eine Grundform aus. Zu jeder Grundform finden Sie ein Diagramm mit allen dazugehörigen Schnittteilen und deren Codierung.

Codierung

Vorderteil und Rückteile sind mit dem Anfangsbuchstaben des Modellnamens bezeichnet:

T – Tamina
L – Lisann
M – Mavie
E – Enya.

Diese Schnittteile können im nächsten Schritt mit Ärmeln und weiteren Komponenten kombiniert werden, welche Kürzel aus zwei Buchstaben tragen.

HL steht beispielsweise für Halsloch:
HLB ist dann also die Halslochform **B**, dessen Linie bereits im Schnitt eingezeichnet ist. Zu HLB passen wiederum die Kapuzenform KA**B** und die Blendenform BL**B.** Am dritten Buchstaben ist also zu erkennen, zu welcher Halslochform diese weiteren Schnittelemente passen. Kapuze KA**B** passt umgekehrt nicht in Halsloch HL**C**.

Übersicht der Schnittteil-Bausteine

Ärmel für Tamina und Lisann
AE1 – Shirtärmel kurz in Länge a und b
AE2 – Knotenärmel (vorderes Ärmelschnittteil AE2a, hinteres Ärmelschnitteil AE2b)
AE3 – Statementärmel (vorderes Ärmelschnittteil AE3a, hinteres Ärmelschnittteil AE3b, mittleres Ärmelschnittteil AE3c, Ärmelrüsche AE3d, Armlochrüsche AE3e)
AE4 – Schmetterlingsärmel
AE5 – langer Ärmel mit gekräuselter Kugel
AE6 – Shirtärmel lang in Länge a, b und c und Schnittabtrennung für Saumblende (bei Länge c)
AE7 – Glockenärmel
AE8 – Dreiviertelärmel mit Saumgummizug
VO6a – Ärmelsaumvolants für Ärmel AE6 – Länge a

Ärmel für Mavie und Enya
AE9 – Ärmel in Länge a und b
AE10 – geraffter Ärmel (vorderes Ärmelschnitteil AE10a, hinteres Ärmelschnitteil AE10b)

Weitere Schnittkomponenten
TA 1 – Brusttasche
TA 2 – Kängurutasche

HLA – kleines Halsloch
HLB – normales Halsloch
HLC – U-Boot-Ausschnitt
HLD – tiefer Ausschnitt
HLE – V-Ausschnitt
HLF – breiter V-Ausschnitt (nur in Verbindung mit Blende BLF)
HLG – tiefer Ausschnitt eingekräuselt
HLH – kleines Halsloch für KRH

KRA – Schluppenkragen für HLA
KRC – Umlegekragen für HLC
KRH – Stehkragen für HLH
KAB – Kapuze für HLB
BLB – Blende für HLB (vordere Blende BLBa, hintere Blende BLBb)
BLF – Blende für HLF

BEA – Rückteilblende für HLA
BEB – Rückteilblende für HLB + HLE
BEC – Rückteilblende für HLC + HLF
BED – Rückteilblende für HLD + HLG
BEH – Vorderteilblende für HLH

CUB – Cut Out (Schablone) für HLB
SCH – Schlitz für Rückteile T3, L5, M4, E3

RU – Saumrüsche – kann an alle geraden Säume von Lisann und Mavie genäht werden

So gehen Sie vor:

1. Wählen Sie zunächst ein **Vorderteil** und dazu eine **Saumform** aus.
2. Anschließend stellen Sie Ihren **Halsausschnitt** aus Ausschnittform und Ausschnittlösung zusammen.
3. Jetzt nehmen Sie noch einen **Ärmel** Ihrer Wahl, dazu gibt es auch noch **Ärmelsaumlösungen**.
4. Das **Rückteil** mit passender Ausschnitt- sowie Saumform wird dann entsprechend Ihrer vorherigen Auswahl hinzugefügt.
5. Für alle Formen stehen optional auch noch eine Brusttasche und Belege für die Abdeckung des hinteren Halslochs zur Verfügung.

Die verschiedenen Halslochvarianten sind wie schon erwähnt in den Basisschnitten mit eingezeichnet und mit den Abkürzungen markiert. Ebenso die Saumlinien und je nach Grundform auch verschiedene Längenabtrennungslinien.

Viele der angebotenen Halslochformen können mit unterschiedlichen Kantenverarbeitungen genäht werden. Die entsprechenden Step by step-Anleitungen finde Sie dazu unter ***Bündchen** auf Seite 111, **Ausschnitt und Kanten einfassen** auf Seite 116, **Ausschnitt und Kanten mit Jerseystreifen versäubern** auf Seite 114.*

Ausnahmen sind die Ausschnittlösung CU**D**, hier ist nur Einfass möglich, sowie Halsloch HL**E**, dieses kann nur mit Blende BL**E** verarbeitet werden!

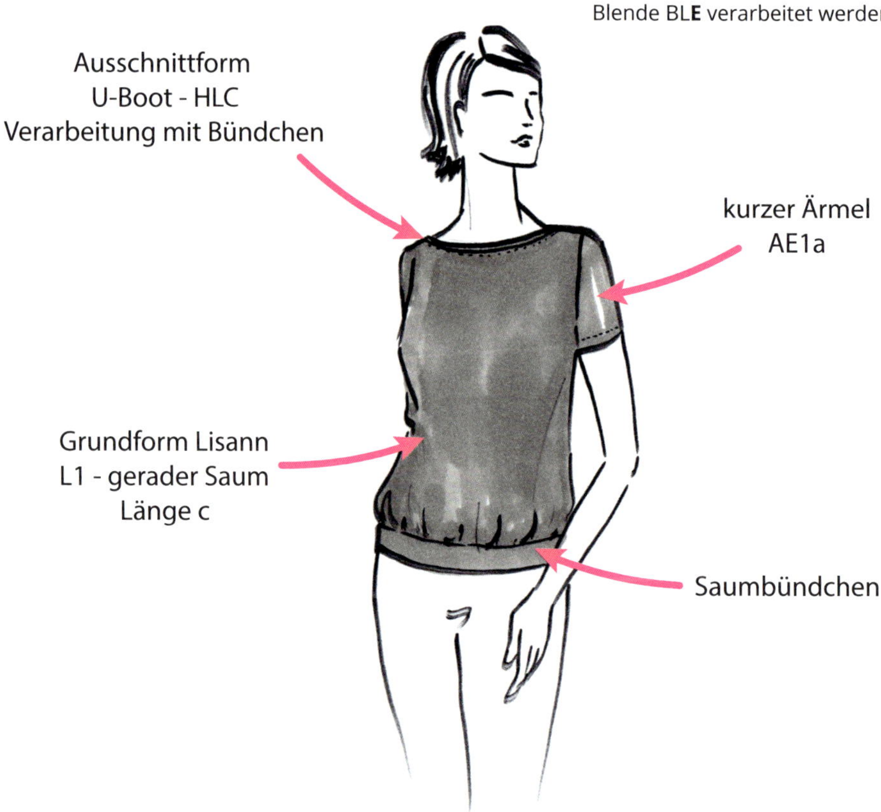

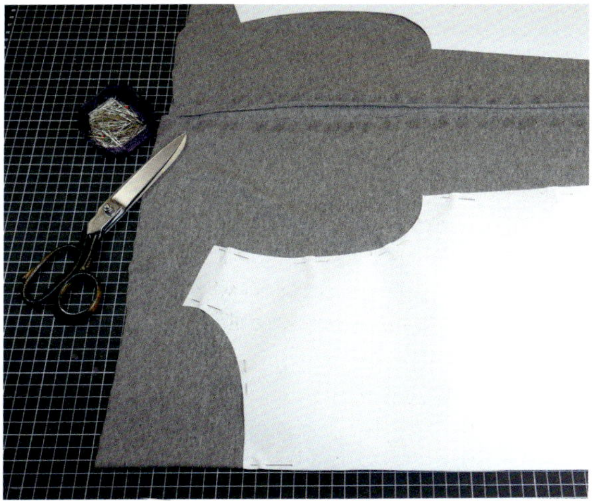

Beispiel

Gewünscht ist die Grundform Lisann mit U-Boot-Ausschnitt und einem kurzen Ärmel. Das Shirt soll einen Gummizug im Saum bekommen. Der Ausschnitt soll mit einem Einfass verarbeitet werden.

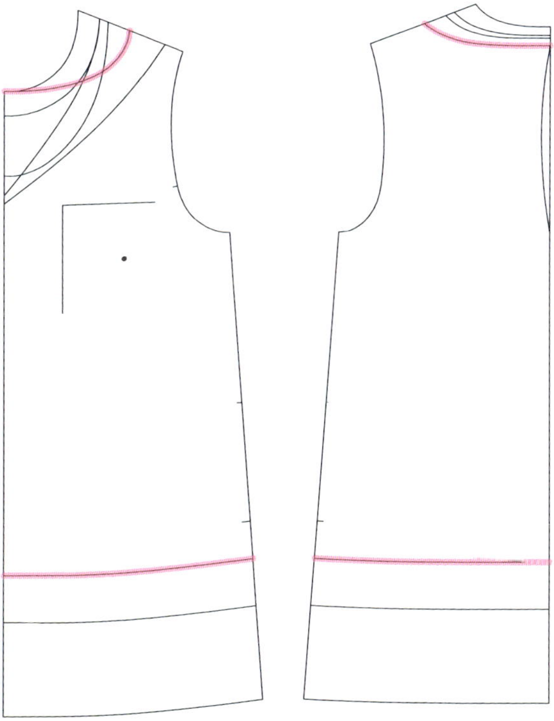

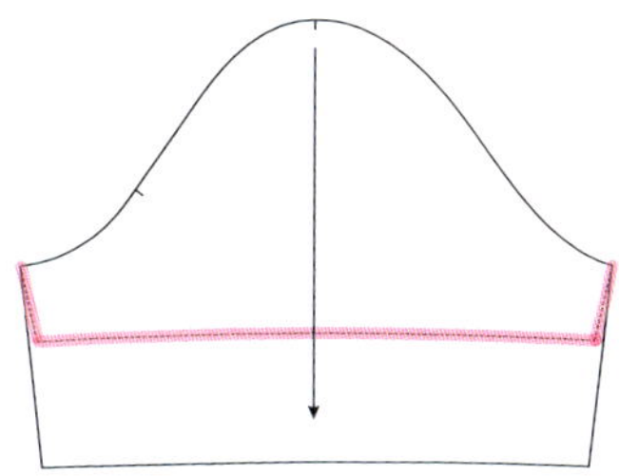

Das Vorderteil **L1** wird also als Grundform gewählt. Ermitteln Sie zunächst die gewünschte Größe anhand Ihrer Maße und der entsprechenden Linien – Die richtige Größe *auf Seite 10.* Wählen Sie Saumlinie **C** für die Gummizugvariante. Für den U-Boot-Ausschnitt wird die Ausschnittvariante **HLC** benötigt. Diese Linien werden nun durchgepaust. Das Rückteil von Grundschnitt Lisann ist entsprechend Schnitteil **L5**. Dieses nun mit passender Saumlinie und Ausschnittform ebenso durchpausen. Als Ärmel wird der Schnitt **AE1** mit der Längenabtrennung **AE1b** verwendet.

Für die Maße des Einfassstreifens richten Sie sich nach den Vorgaben im Kapitel Ausschnitt und Kanten einfassen *(Seite 116).*

Ideen für Shirt-Kombinationen

Grundform Lisann
Schnitteile:
Vorderteil L1 mit geradem Saum, Saumlinie b
Rückteil L5 mit geradem Saum, Saumlinie b
Halsausschnitt HLB
Cut – Out CUB – nur mittleres Cut-Out
Saumrüsche RU
Ärmel AE8

Grundform Tamina
Schnittteile:
Vorderteil T1 mit geradem Saum
Rückteil T3 mit geradem Saum
Halsausschnitt HLB
Blende BLB a + b
Ärmel AE5

Grundform Lisann
Schnittteile:
Vorderteil L1 mit geradem Saum, Saumlinie a
Rückteil L5 mit geradem Saum, Saumlinie a
Halsausschnitt HLB
Kapuze KAB
Ärmel AE6c

Tipp: Für ein lässiges Shirt den Schnitt eine Nummer größer wählen!

Grundform Tamina
Schnittteile:
Vorderteil T2 mit rundem Saum
Rückteil T3 mit rundem Saum
Halsausschnitt HLG
Ärmel AE2 a + b

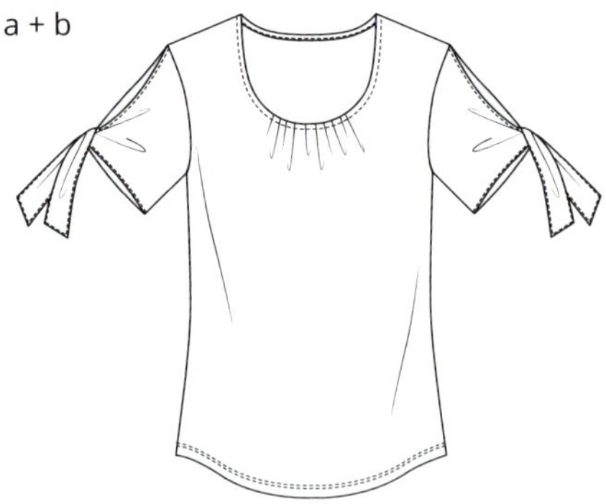

Grundform Mavie
Schnittteile:
Vorderteil M1 mit geradem Saum,
Länge a
Rückteil M4 mit geradem Saum,
Länge a
Halsausschnitt HLC,
klassisches Bündchen
Ärmel AE9b
Tasche TA2

Tipp: Wer den Oversized-Look liebt, nimmt den Schnitt eine Nummer größer

Grundform Mavie
Schnittteile:
Vorderteil M1 mit geradem Saum, Länge b, Saumschlitz
Rückteil M4 mit geradem Saum, Länge b, Saumschlitz
Halsausschnitt HLF + Blende BLF
Klassisches Ärmelbündchen

Was aber auch geht: Nähen Sie die Shirts einfach in Ihrer gewünschten Größe nach fertigen Modellanleitungen, wie sie von uns entworfen wurden und wie Sie sie hier als Beispiele der vielfältigen Kombinationsmöglichkeiten im Buch abgebildet finden!
Zu jedem der gezeigten Modelle finden Sie in einer Übersicht die benötigten Schnittteile gleich mit aufgelistet, ebenso Stoffverbrauch und eine Nähanleitung. Für alle übrigen Varianten steht Ihnen dann unser Baukastensystem zur Verfügung.

Grundform Enya
Schnittteile:
Vorderteil E1 mit geradem Saum
Rückteil E3 mit geradem Saum
Halsausschnitt HLC
Kragen KRC
Ärmel AE9 a

Grundform Enya
Schnittteile:
Vorderteil E1 mit gerundetemSaum
Rückteil E3 mit gerundetem Saum
Halsausschnitt HLC mit Einfass
Ärmellos mit Gummizug

Tamina

Hinweis Ärmel Tamina:
Alle hier angegebenen Ärmel passen in das Armloch von Tamina T1 + T2. Für Ärmel AE4 benötigen Sie das Schnitteil ST4. Außerdem müssen Vorderteil und Rückteil an den Linien AE4 abgetrennt werden.

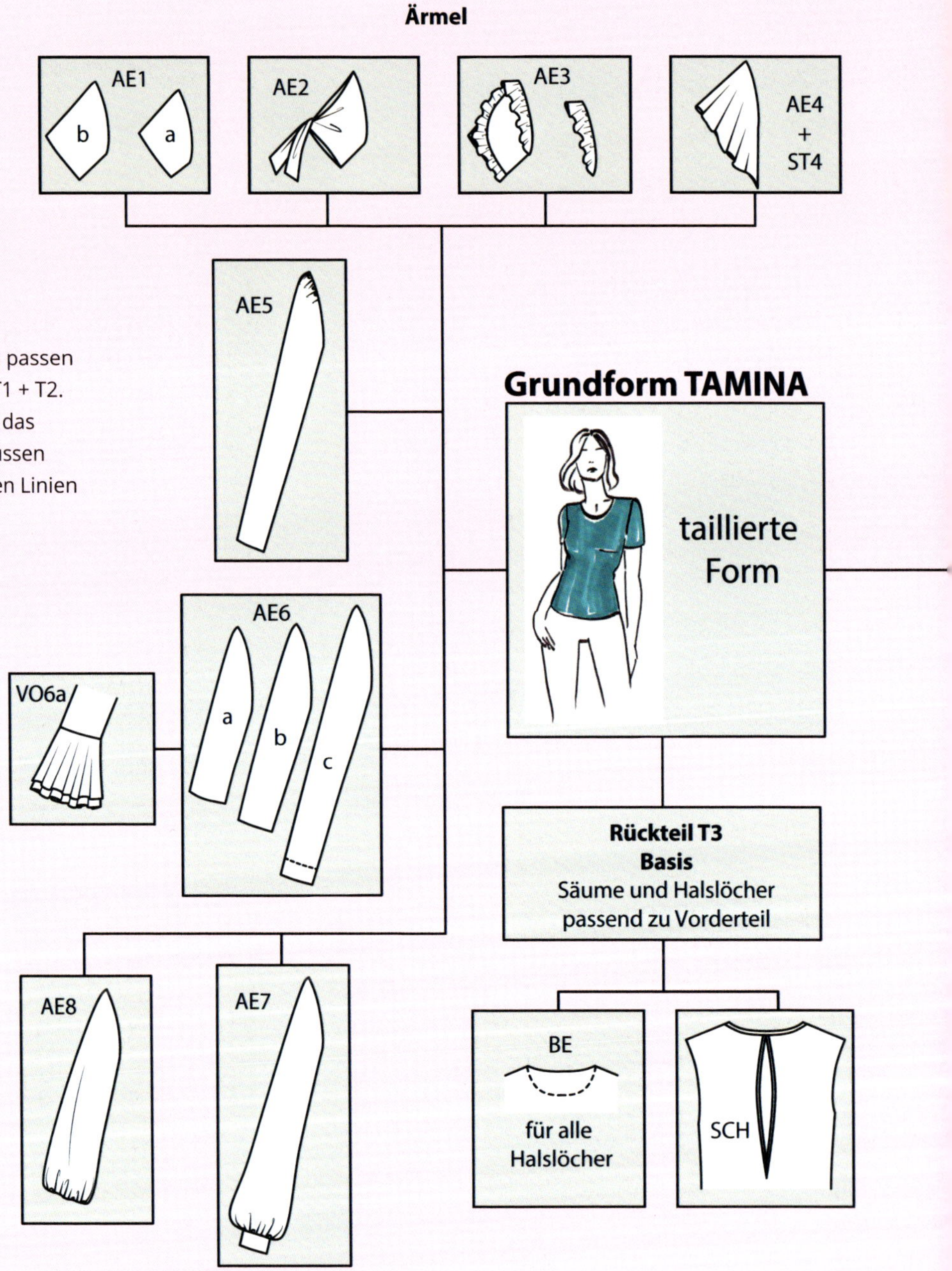

Abkürzungen:

- AE – Ärmel
- BE – Beleg
- BL – Blende
- CU – Cut-Out
- HL – Halsloch
- KA – Kapuze
- KR – Kragen
- RU – Rüsche
- SCH – Schlitz
- ST – Seitenteil
- TA – Tasche
- VO – Volant

Shirt mit tailliertem Schnitt und eingesetztem Ärmel mit allen Kombinationsmöglichkeiten

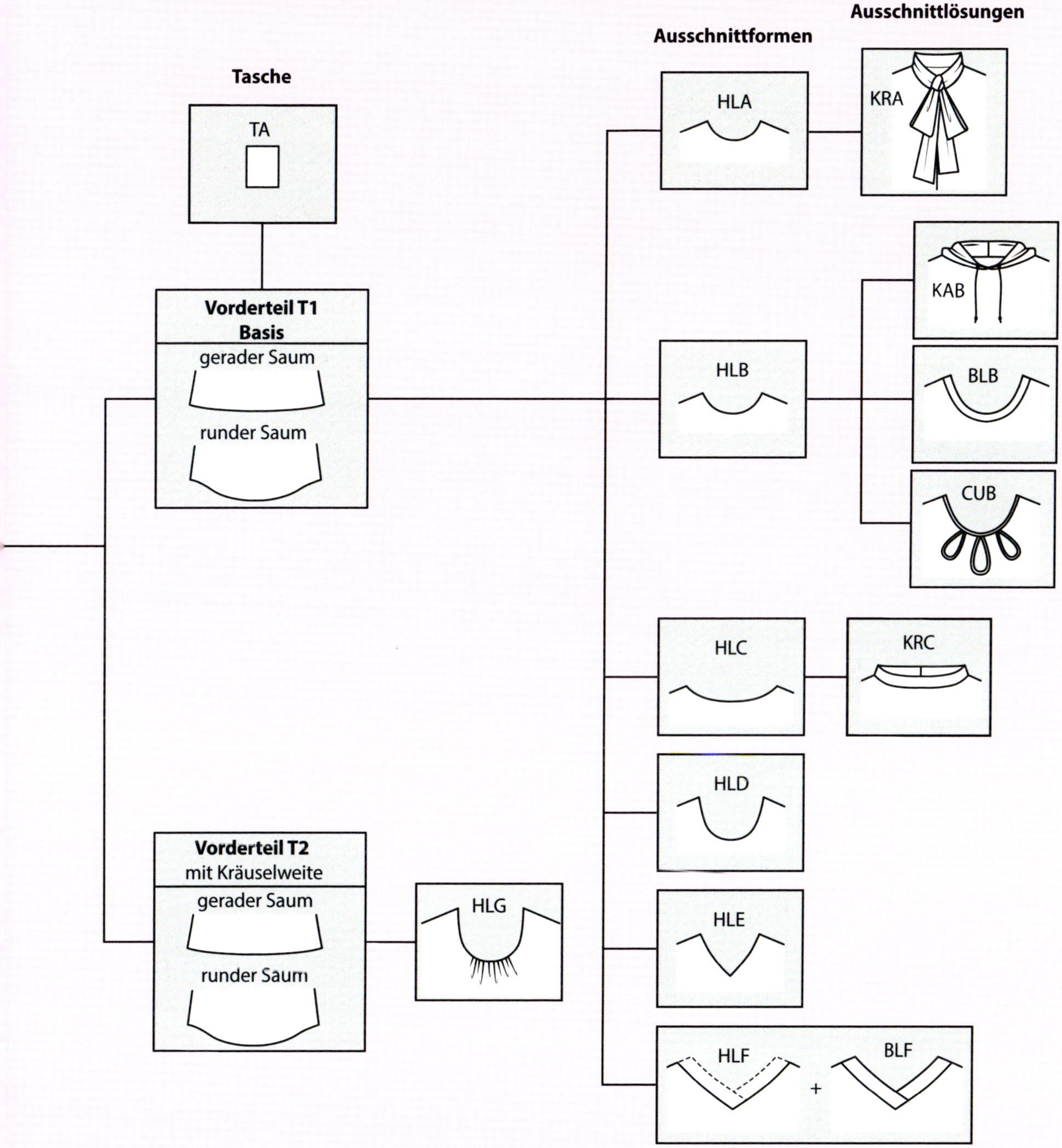

Tamina 1

Taillierter Schnitt • eingesetzter, kurzer Ärmel • gerundeter Saum • Rollbündchen am Ausschnitt

Schwierigkeitsgrad: ● ● ●

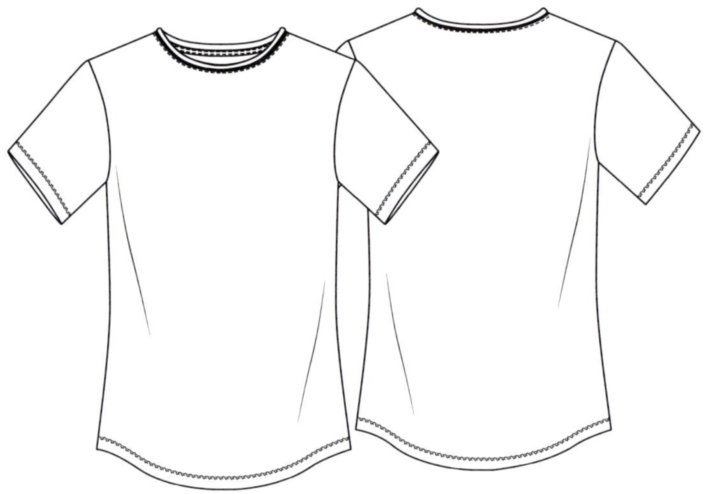

Stoff

- Bio-Baumwoll-Jersey, 150 cm breit, von Der rote Faden: 0,90/0,90/0,95/0,95/1,00/1,00/1,05/1,05 m

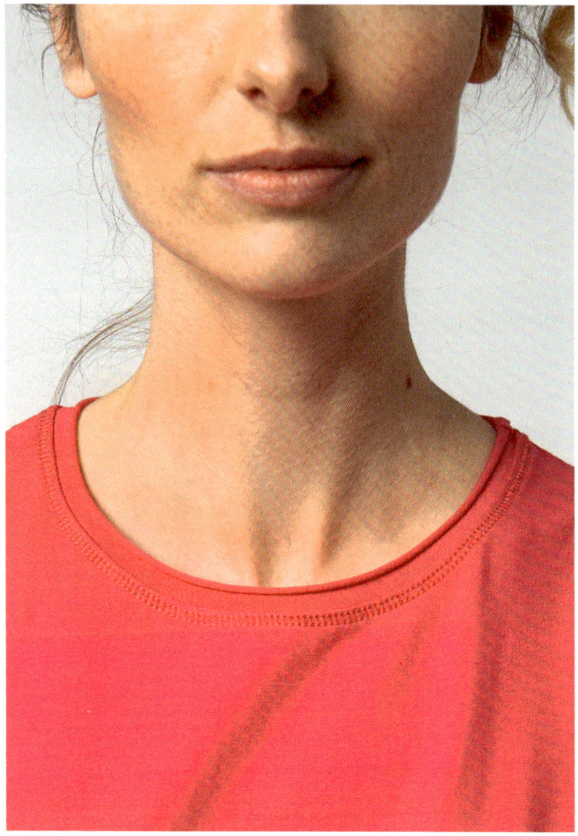

Schnittteile

T1 und **T3** auf Bogen 2B
AE1a auf Bogen 2A

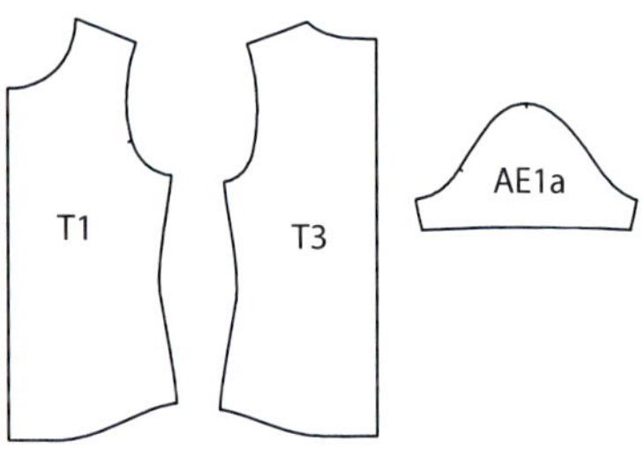

Zuschnitt

Vorderteil T1 – 1x im Stoffbruch
Rückteil T3 – 1x im Stoffbruch
jeweils mit Halsloch HLE und gerundetem Saum

Shirtärmel AE1, kurz – jeweils 2x gegengleich
Halslochbündchen 1x, Maße siehe *Bündchen auf Seite 111*
Jerseystreifen für das Halsloch 1x, Maße siehe *Hinteres Halsloch innen abdecken / Abdecken mit einem Jerseystreifen auf Seite 120*

Naht- und Saumzugaben zu den Schnittteilen hinzufügen.

Anleitung

Vorderteil und Rückteil rechts auf rechts legen und die Schulternähte schließen.

Die Shirtärmel in die Armlöcher einnähen, dabei auf die im Schnitt eingezeichneten Markierungen achten. Anschließend Vorderteil und Rückteil wieder rechts auf rechts aufeinanderlegen und die Seitennähte von Ärmel und Rumpf jeweils mit einer durchgehenden Naht schließen – *Shirtärmel offen einnähen auf Seite 108.*

Nun das einlagige Bündchen mit Rollkante an den Ausschnitt nähen – *Bündchen / Bündchen mit Rollkante auf Seite 113.*

Das hintere Halsloch mit einem Jerseystreifen abdecken – *Hinteres Halsloch innen abdecken / Abdecken mit einem Jerseystreifen auf Seite 120.*

Die Säume von Rumpf und Ärmel versäubern und nach innen umbügeln. Die Säume auf der Innenseite mit der Coverlock nähen, sodass der Versäuberungsstich als Flatlock außen sichtbar ist – *Säumen: Coverlocksaum auf Seite 122.*

Tamina 2

Taillierter Schnitt • eingesetzter Spitzenärmel • Rüsche am Armloch • U-Boot-Ausschnitt

Schwierigkeitsgrad: ●●○

Stoff

- Viskose-Elastik-Jersey, 150 cm breit, von Der rote Faden: 0,90/1,00/1,00/1,05/1,05/1,05/1,10/1,10 m
- Tüllspitze, 135 cm breit, von Der rote Faden: 0,40/0,40/0,40/0,45/0,45/0,45/0,45/0,45 m

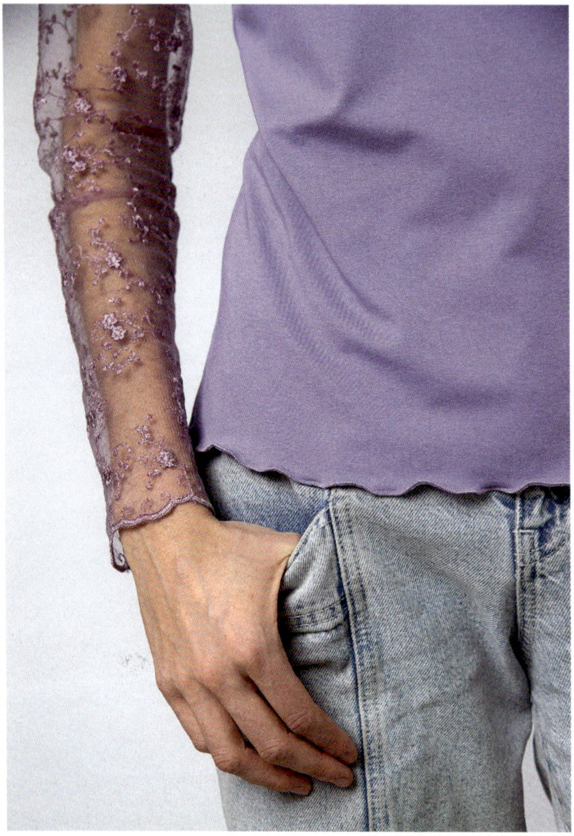

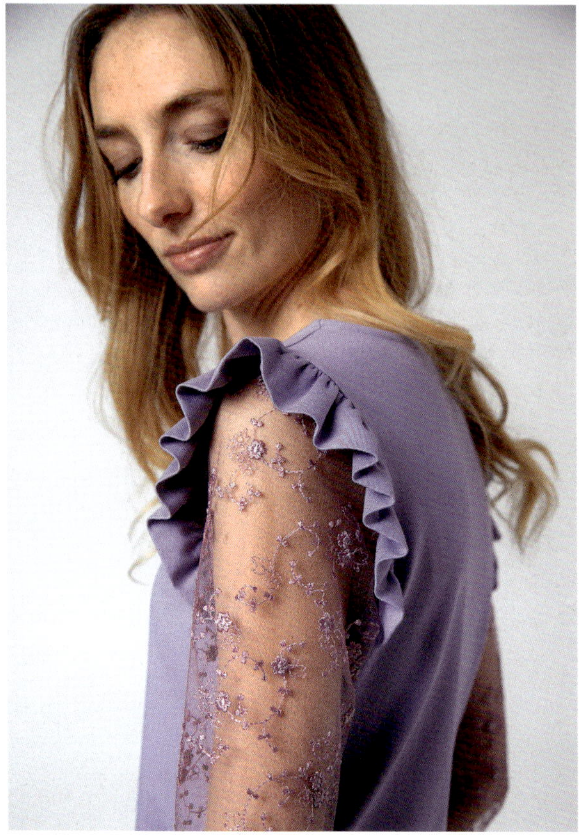

Schnittteile

T1, T3, AE6c und **AE3e** auf Bogen 2B

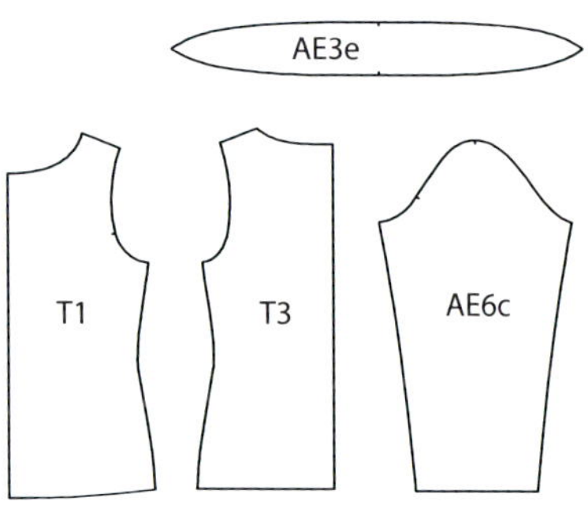

Zuschnitt

aus dem Jersey:

Vorderteil T1 – 1x im Stoffbruch
Rückteil T3 – 1x im Stoffbruch
jeweils mit Halsloch HLC und geradem Saum

Armlochrüsche AE3e 2x gegengleich
Halslochstreifen 1x – Maße siehe *Ausschnitt und Kanten mit Jerseystreifen versäubern auf Seite 114*

aus der Spitze:

Ärmel AE6c, lang – 2x gegengleich

Nahtzugaben hinzufügen, Vorder- und Rückteil ohne Saumzugabe. Ärmelsaum ohne Zugabe quer an die Bogenkante der Spitze anlegen.

Anleitung

Vorderteil und Rückteil rechts auf rechts legen und die Schulternähte schließen.

Die Rüschenstreifen an der Längskante zur Hälfte umbügeln. Die nun doppellagigen Streifen entlang der Schnittkante mit der Nähmaschine innerhalb der Nahtzugabe zweimal nebeneinander mit dem längsten Geradstich zusammennähen, die Nahtenden dabei offenlassen. Durch Ziehen an den Nähgarnenden die Rüschenstreifen jeweils auf die Strecke vom gesamten Armloch gleichmäßig einkräuseln. Die eingereihten Streifen rechts auf rechts an die Armlochkanten stecken und innerhalb der Nahtzugabe annähen. **Achtung:** Die Rüschen müssen vor Beginn der Seitennaht enden, sie dürfen beim Schließen der Seitennaht nicht mitgefasst werden – *Einreihen von Weite auf Seite 109.*

Die Shirtärmel in die Armlöcher einnähen, dabei auf die im Schnitt eingezeichneten Markierungen achten. Anschließend Vorderteil und Rückteil wieder rechts auf rechts aufeinanderlegen und die Seitennähte von Ärmel und Rumpf jeweils mit einer durchgehenden Naht schließen – *Shirtärmel offen einnähen auf Seite 108.*

Nun den Halsausschnitt mit einem Jerseystreifen versäubern – *Ausschnitt und Kanten mit Jerseystreifen versäubern auf Seite 114.*

Mit der Overlock einen schmalen, gewellten Rollsaum nähen – *Säumen: Rollsaum auf Seite 122.*

Als Ärmelsaum wurde die Bogenkante der Spitze gewählt. Hier nur noch die Nahtzugabe der Ärmelnaht zu einer Seite legen und mit dem Geradstich knapp neben der Saumkante festnähen.

Tamina 3

Taillierter Schnitt • eingesetzter Schmetterlingsärmel • großer Ausschnitt mit Kräuselung am Vorderteil

Schwierigkeitsgrad: ●●○

Stoff

- Viskose-Elastik-Jersey, 150 cm breit, von Der rote Faden: 1,15/1,15/1,15/1,20/1,20/1,25/1,25/1,25 m

Schnittteile

T2, **ST4** und **AE4** auf Bogen 2A
T3 auf Bogen 2B

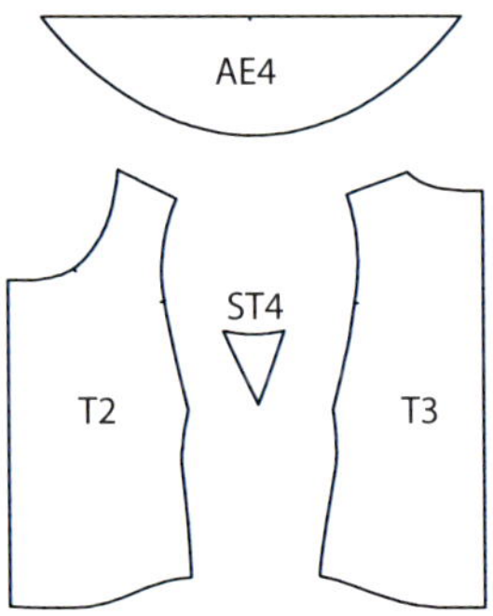

Zuschnitt

Vorderteil T2 – 1x im Stoffbruch
Rückteil T3 – 1x im Stoffbruch
jeweils mit Abtrennung für den Ärmel AE4 und das Halsloch HLG und gerundetem Saum

Seitenteil ST4 – 2x gegengleich
Ärmel AE4 – 2x gegengleich
Jerseystreifen – 1x, Maße siehe Ausschnitt und Kanten einfassen *auf Seite 116*

Nahtzugaben hinzufügen, Vorder- und Rückteilhalsloch ohne Nahtzugabe, Saumzugaben nur am Rumpf, Ärmelsaum ohne Zugaben.

Anleitung

Vorderteil und Rückteil rechts auf rechts legen und die Schulternähte schließen.

Die Armlochkante der Seitenteile jeweils doppelt 0,7 cm breit säumen – Säumen: Doppelter Saum *auf Seite 122.*

Die Volantärmel an den Ärmelsaumkanten mit der Overlock schmal versäubern – Säumen: Rollsaum *auf Seite 122.*

Nun die Volantärmel rechts auf rechts in die Armlöcher von Seitennahtlinie zu Seitennahtlinie stecken und annähen.

Die Seitenteile erst entsprechend der Markierung an das Rückteil stecken und die Naht schließen. Anschließend das Vorderteil rechts auf rechts auf das Rückteil mit den bereits angenähten Seitenteilen legen. Die gegenüberliegende Kante des Seitenteils sowie die Seitennähte aufeinanderstecken und die Naht von Saumkante bis Seitenteil-Armlochkante schließen. Die Fadenraupe hier nach innen ziehen.

Die Vorderteil-Ausschnittkante zwischen den Markierungen gleichmäßig auf 12 cm einkräuseln – Einreihen von Weite / Einreihen mit Geradstich *auf Seite 109.*

Den Ausschnitt mit Jerseystreifen einfassen. Die gewählte fertige Einfassbreite ist hier 0,7 cm – Ausschnitt und Kanten einfassen *auf Seite 116.*

Die Saumzugabe umbügeln und den gerundeten Saum mit der Coverlock nähen. Die Saumbreite beträgt 1,5 cm – Säumen / Coverlocksaum *auf Seite 122.*

Tamina 4

Taillierter Schnitt • Schluppenkragen
• Vorderteil mit Mittelnaht und Schlitz
• eingesetzter Ärmel mit eingereihter Kugel

Schwierigkeitsgrad: ●●●

Stoff und Nähzubehör

- Bio-Baumwoll-Jersey, 150 cm breit, von Der rote Faden: 1,40/1,40/1,50/1,50/1,55/1,60/1,65/1,70 m
- Einlagebändchen, 0,8 cm breit, oder bi-elastische Fixiereinlage

Schnittteile

T1 und **T3** auf Bogen 2B
AE5 und **KRA** auf Bogen 2A

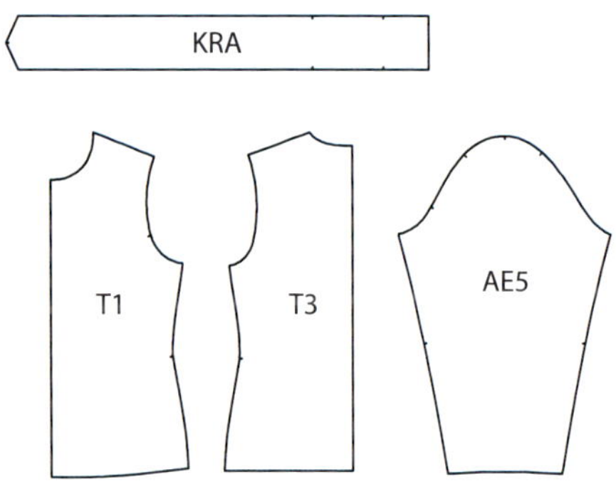

Zuschnitt

Vorderteil T1 – 2x gegengleich
Rückteil T3 – 1x im Stoffbruch
jeweils mit Halsloch HLA und geradem Saum

Ärmel AE5 2x gegengleich
Schluppenkragen KRA 2x

Naht- und Saumzugaben hinzufügen. An der vorderen Mittelnaht 1,2 cm Naht!

Anleitung

Die Nahtzugaben der vorderen Mittelnaht jeweils versäubern. Die Vorderteile rechts auf rechts legen und die Mittelnaht bis 12 cm unterhalb des Halslochs schließen. Dann die Nahtzugaben auseinander bügeln. Die Nahtzugabe des Schlitzes um die Versäuberungsnaht nach innen umbügeln. Den Schlitz nun entlang dieser umgebügelten Kante rundum absteppen.

Vorderteil und Rückteil rechts auf rechts legen und die Schulternähte schließen.

Die Ärmelkugel zwischen den kurzen Markierungslinien gleichmäßig mit dem Geradstich der Nähmaschine einkräuseln – *Einreihen von Weite auf Seite 109.*

Die Ärmel rechts auf rechts jeweils bis zum Beginn der Kräuselung an das Armloch stecken. Die Kräuselweite anschließend gleichmäßig auf die verbleibende Strecke des Armlochs verteilen und feststecken.

Die Shirtärmel in die Armlöcher einnähen, dabei auf die im Schnitt eingezeichneten Markierungen achten. Anschließend Vorderteil und Rückteil wieder rechts auf rechts aufeinanderlegen und die Seitennähte von Ärmel und Rumpf jeweils mit einer durchgehenden Naht schließen – *Shirtärmel offen einnähen auf Seite 108.*

Die beiden Schnitteile des Schluppenkragens rechts auf rechts legen, entlang der kurzen Kanten mit dem Geradstich schließen und die Nahtzugaben auseinanderbügeln.

Den Schluppenkragen bis zu den Markierungen verstürzen und anschließend an das Halsloch annähen – *Kragen/Schluppenkragen auf Seite 123.*

Die Säume von Rumpf und Ärmel nach innen umbügeln und mit der Coverlock nähen – *Säumen: Coverlocksaum auf Seite 122.*

Tamina 5

Taillierter Schnitt • eingesetzte Statement-Ärmel • Armloch mit Rüschen • gerundeter Saum • V-Ausschnitt

Schwierigkeitsgrad: ●●●

Stoff und Nähzubehör

- Bio-Baumwoll-Jersey, 150 cm breit, von Der rote Faden: 1,45/1,45/1,50/1,50/1,55/1,55/1,60/1,60 m
- etwas Fixiereinlage für die vordere V-Ausschnittecke

Schnittteile

Alle Schnittteile auf Bogen 2B

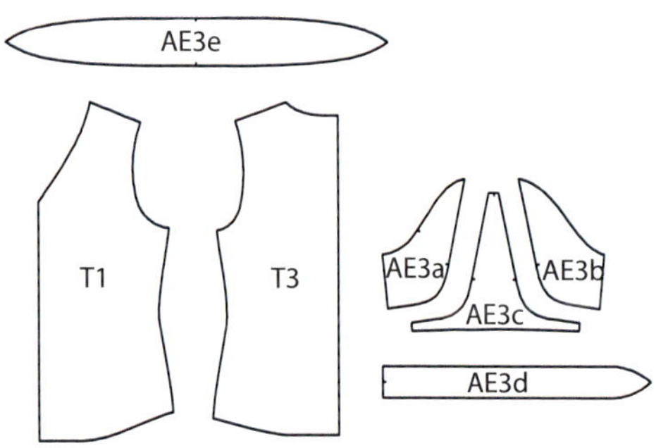

Zuschnitt

Vorderteil T1 – 1x im Stoffbruch
Rückteil T3 – 1x im Stoffbruch
jeweils mit **Halsloch HLE** und **gerundetem Saum**

Ärmelteile AE3a, b, c – jeweils 2x gegengleich
Ärmelteil AE3d – 4x gegengleich
Ärmelteil AE3e – 2x gegengleich
Halslochbündchen 1x, Maße siehe *Bündchen auf Seite 111*

Naht- und Saumzugaben hinzufügen.

Anleitung

Vorderteil und Rückteil rechts auf rechts legen und die Schulternähte schließen.

Die Längskanten der Ärmelrüschenstreifen AE3d jeweils zur Hälfte umbügeln. Die Schnittkanten nun doppellagig mit Geradstich gleichmäßig einreihen – *Einreihen von Weite auf Seite 109.*

Bei diesem Modell vorab die Säume der Ärmel-Mittelteile AE3c nähen.

Rüschenstreifen nun rechts auf rechts von der Markierung neben der inneren Ärmelnaht bis zur Nahtlinie der Ärmelkugel jeweils auf das mittlere Ärmelteil aufstecken. Innerhalb der Nahtzugabe mit Geradstich annähen. Anschließend die seitlichen Ärmelteile rechts auf rechts auf das mittlere Ärmelteil aufstecken und die Naht schließen.

Die Shirtärmel in die Armlöcher einnähen, dabei auf die im Schnitt eingezeichneten Markierungen achten. Anschließend Vorderteil und Rückteil wieder rechts auf rechts aufeinanderlegen und die Seitennähte von Ärmel und Rumpf jeweils mit einer durchgehenden Naht schließen – *Shirtärmel offen einnähen auf Seite 108.*

Die Overlock-Fadenraupe an den Ärmelsäumen einziehen oder vernähen und die Nahtzugabe der inneren Ärmelnaht am Ärmelsaum zu einer Seite legen und kurz festnähen.

Das Bündchen an der V-Ausschnittkante annähen – *Bündchen / V-Ausschnittbündchen auf Seite 112.*

Das hintere Halsloch mit einem Jerseystreifen abdecken – *Hinteres Halsloch innen abdecken / Abdecken mit einem Jerseystreifen auf Seite 120.*

Dann den Rumpfsaum nähen – *Säumen/Coverlocksaum auf Seite 122.*

Tamina 6

Taillierter Schnitt • tiefer Ausschnitt
• Schlitz im Rückteil mit Knopfschlinge
• eingesetzter Dreiviertel-Ärmel mit Stufenvolant

Schwierigkeitsgrad: ●●●

Stoff und Nähzubehör

- Viskose-Elastik-Jersey, 150 cm breit, von Der rote Faden:
  1,40/1,40/1,40/1,50/1,50/1,50/,160/1,60 m

- 1 Kugelknopf

Schnittteile

Alle Schnittteile auf Bogen 2B

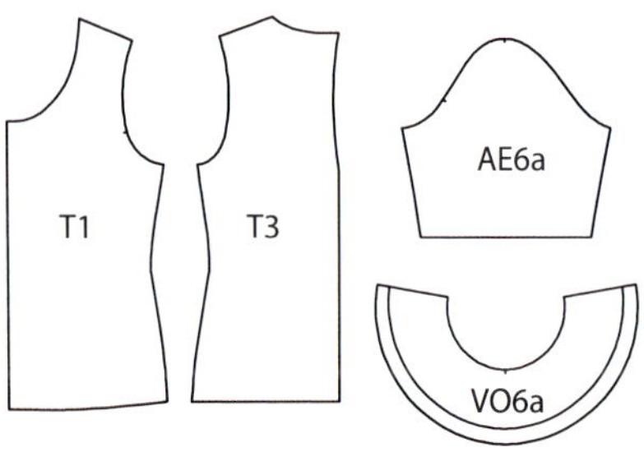

Zuschnitt

Vorderteil T1 – 1x im Stoffbruch
Rückteil T3 – 2x gegengleich
jeweils mit Halsloch HLD, RT-Schlitz und geradem Saum

Ärmel AE6a – 2x gegengleich
Volant VO6a – 2x lang gegengleich, 2x kurz gegengleich
Halslochstreifen – 1x, Maße siehe *Ausschnitt und Kanten einfassen auf Seite 116*
RT-Schlitzstreifen – 2x, Maße siehe *Ausschnitt und Kanten einfassen auf Seite 116*

Nahtzugaben hinzufügen, Vorder- und Rückteilhalsloch ohne Nahtzugabe zuschneiden.
Saumzugabe nur am Vorder- und Rückteil hinzufügen, Volants ohne Saumzugabe zuschneiden.

Anleitung

Die Schlitzkanten des Rückteils mit einem Jerseystreifen einfassen – Ausschnitt und Kanten einfassen *auf Seite 116.*

Die hintere Mittelnaht schließen, dabei sollten die Einfasskanten genau aufeinandertreffen. Die Nahtzugabe zu einer Seite umbügeln und entlang der Einfasskante kurz feststeppen. Dann Vorderteil und Rückteil rechts auf rechts legen und die Schulternähte schließen.

Die Shirtärmel in die Armlöcher einnähen, dabei auf die im Schnitt eingezeichneten Markierungen achten. Anschließend Vorderteil und Rückteil wieder rechts auf rechts aufeinanderlegen und die Seitennähte von Ärmel und Rumpf jeweils mit einer durchgehenden Naht schließen – Shirtärmel offen einnähen *auf Seite 108.*

Die Volantsaumkanten einzeln nähen – Säumen / Rollsaum *auf Seite 122.*

Die Seitennähte der Volants jeweils einzeln schließen. Die Nahtzugabe an den Saumkanten zu einer Seite legen und kurz festnähen. Dann die kurzen Volants jeweils links auf rechts auf das lange Volant legen und die oberen Kanten gemeinsam mit Geradstich oder einem Silikonbändchen gleichmäßig leicht einkräuseln – Einreihen von Weite *auf Seite 109.*

Die Volants nun rechts auf rechts an den Ärmelsaum stecken, sodass die Seitennähte genau aufeinandertreffen und annähen.

Die Knopfschlinge nähen und rechts auf rechts an den rechten Ausschnitt des Rückteils feststeppen. Nun den Halsausschnitt mit einem Jerseystreifen einfassen. Den Knopf auf das linke Rückteil auf der Höhe der Knopfschlinge passend annähen – Ausschnitt und Kanten einfassen / Einfassen bei Öffnungen *auf Seite 116.*

Den Saum umbügeln und mit der Coverlock nähen – Säumen / Coverlocksaum *auf Seite 122.*

Lisann

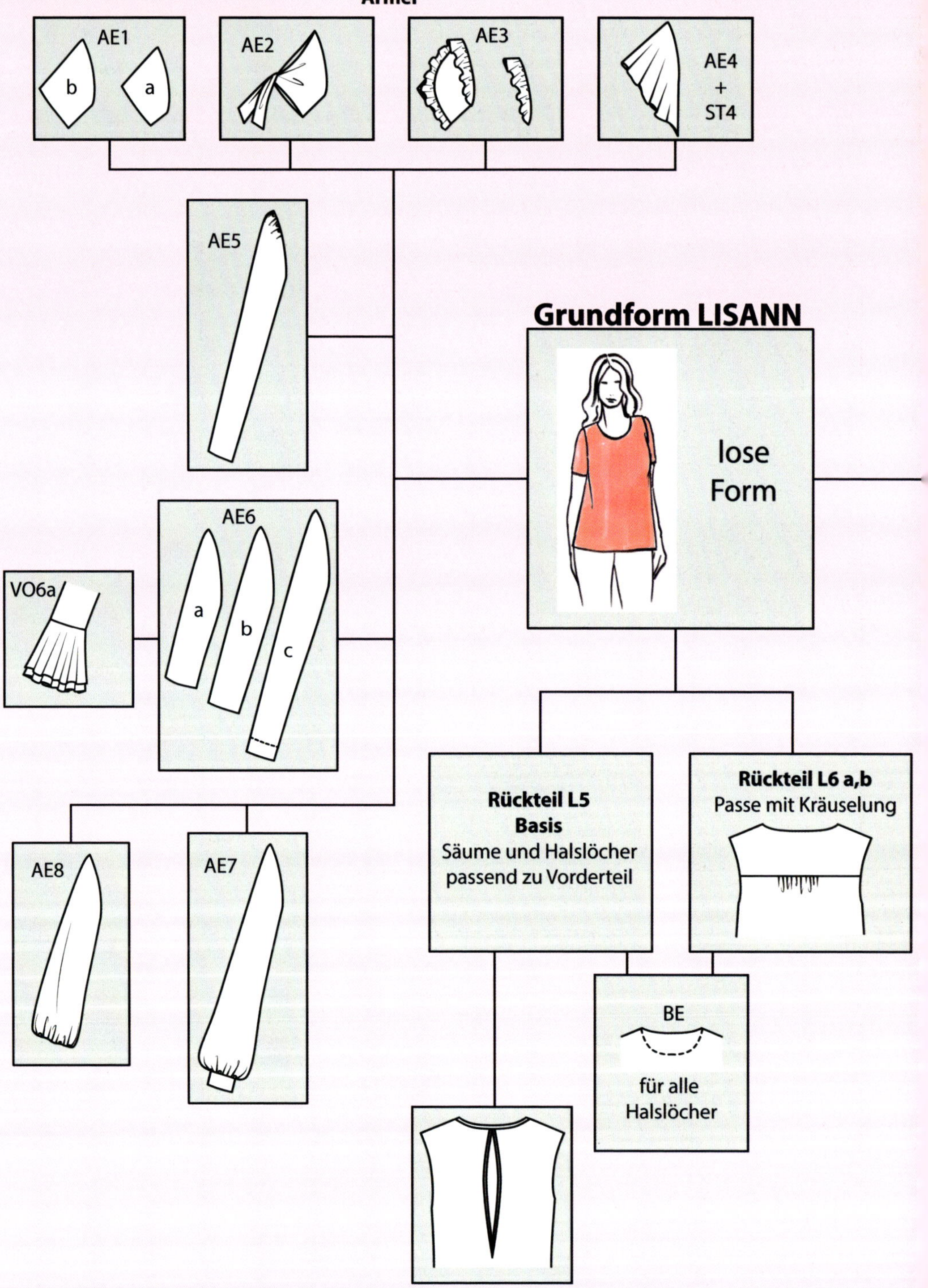

Abkürzungen:

AE – Ärmel
BE – Beleg
BL – Blende
CU – Cut-Out
HL – Halsloch
KA – Kapuze
KR – Kragen
RU – Rüsche
SCH – Schlitz
ST – Seitenteil
TA – Tasche
VO – Volant

Shirt mit körperumspielendem Schnitt und eingesetztem Ärmel mit allen Kombinationsmöglichkeiten

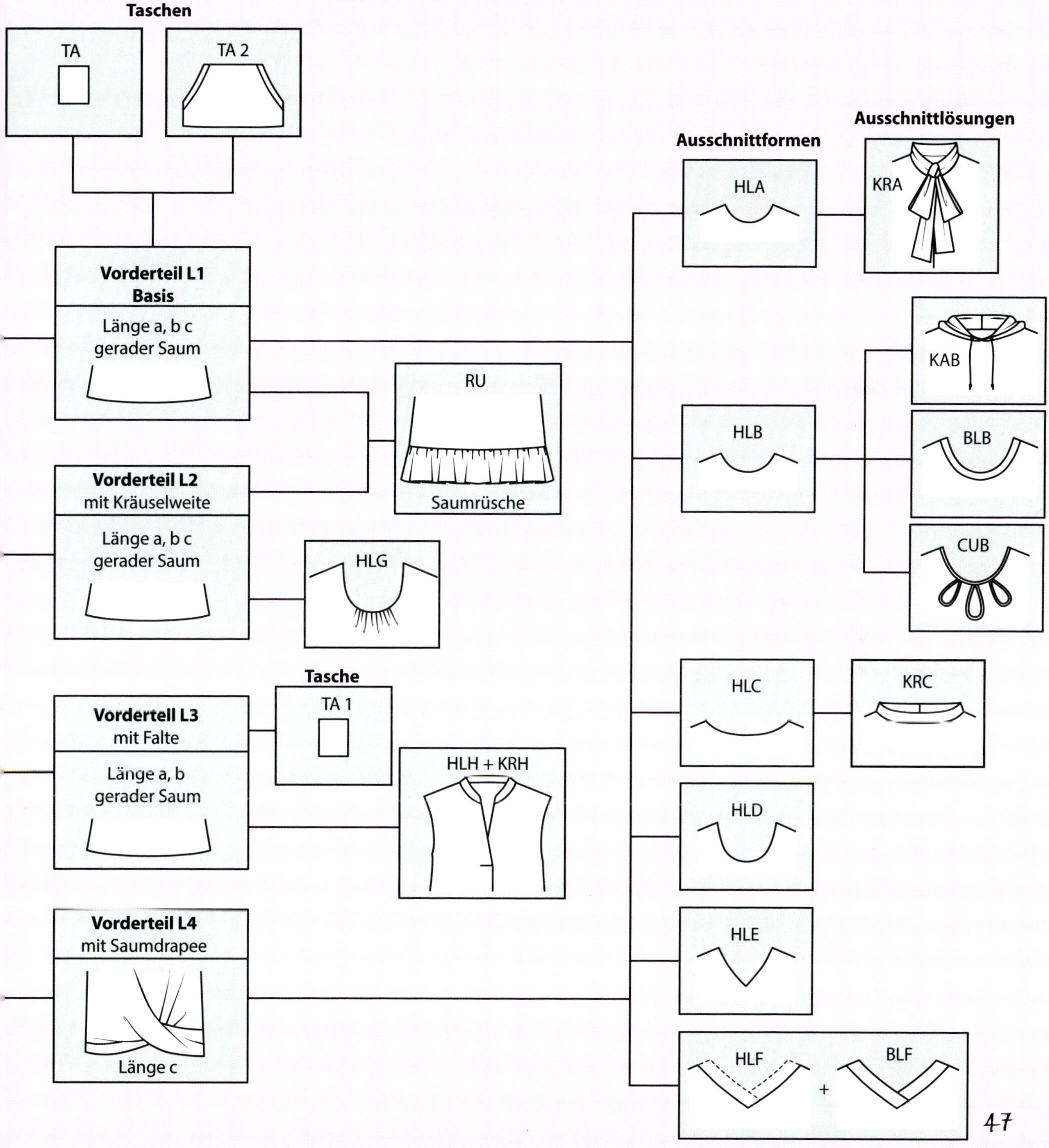

Lisann 1

Körperumspielender Schnitt • V-Ausschnitt • gerader Saum • langer, eingesetzter Ärmel

Schwierigkeitsgrad: ● ● ●

Stoff

- Feinstrick-Leinen-Jersey, 140 cm breit, von Buttinette: 1,40/1,40/1,40/1,50/1,50/1,55/1,55/1,55 m

Schnittteile

L1 und **L5** auf Bogen 3A
AE6c auf Bogen 2B

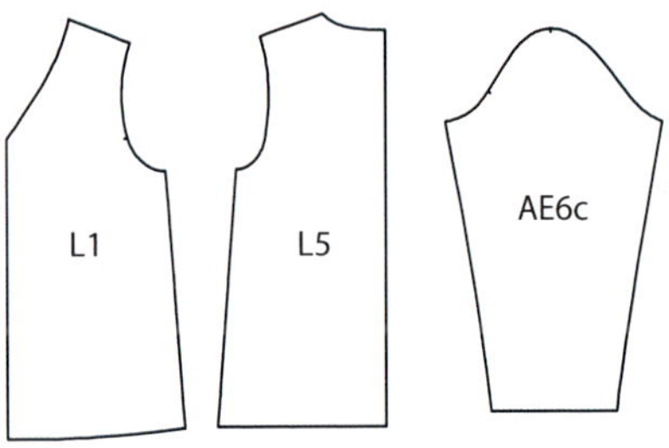

Zuschnitt

Vorderteil L1 – 1x im Stoffbruch
Rückteil L5 – 1x im Stoffbruch
jeweils mit Halsloch HLE und geradem Saum

Ärmel AE6c – 2x gegengleich
Halslochbündchen - 1x, Maße siehe Bündchen *auf Seite 111*

Naht- und Saumzugaben hinzufügen.

Anleitung

Vorderteil und Rückteil rechts auf rechts legen und die Schulternähte schließen.

Die Shirtärmel in die Armlöcher einnähen, dabei auf die im Schnitt eingezeichneten Markierungen achten. Anschließend Vorderteil und Rückteil wieder rechts auf rechts aufeinanderlegen und die Seitennähte von Ärmel und Rumpf jeweils mit einer durchgehenden Naht schließen – Shirtärmel offen einnähen *auf Seite 108.*

Dann das Bündchen an die V-Ausschnittkante annähen – Bündchen / V-Ausschnittbündchen *auf Seite 112.*

Das hintere Halsloch mit einem Satinbändchen abdecken – Hinteres Halsloch innen abdecken / Abdecken mit einem Webbändchen *auf Seite 120.*

Dann die Säume von Rumpf und Ärmel nach innen umbügeln und mit der Coverlock nähen – Säumen: Coverlocksaum *auf Seite 122.*

Lisann 2

Körperumspielender Schnitt • Halsausschnitt mit Blende • Kurzer, eingesetzter Knotenärmel • Teilungsnaht in vorderer und hinterer Mitte • Saumrüsche

Schwierigkeitsgrad: ●●●

Stoff und Nähzubehör

- Viskose-Jersey, 150 cm breit, von Buttinette: 1,50/1,50/1,50/1,60/1,60/1,65/1,65/1,70 m
- bi-elastische Fixiereinlage für Blenden z. B. von Vlieseline

Schnittteile

Alle Schnittteile auf Bogen 3A

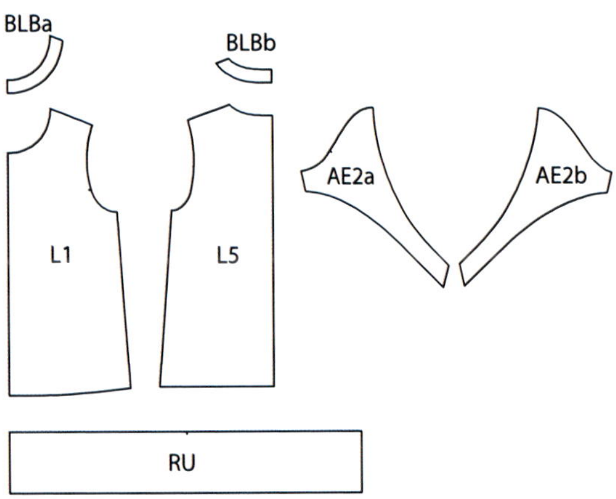

Zuschnitt

Vorderteil L1 - 2x gegengleich
Rückteil L5- 2x gegengleich
jeweils mit Halsloch HLB und geradem Saum, Saumlinie A

Saumrüsche RU – 2x im Stoffbruch
Ärmelteile AE2a+b – jeweils 2x gegengleich
Blende Vorderteil BLBa – 1x im Stoffbruch
Blende Rückteil BLBb – 1x im Stoffbruch
Jerseystreifen für Ärmel – 4x, Maße siehe *Ausschnitt und Kanten mit Jerseystreifen versäubern auf Seite 114*

Naht- und Saumzugaben hinzufügen.

Anleitung

Die vordere Mittelnaht von Vorder- und Rückteil schließen und zu einer Seite bügeln. Dann Vorderteil und Rückteil rechts auf rechts legen und die Schulternähte schließen.

Die Saumrüschenstreifen jeweils an den oberen Längskanten gleichmäßig mit einem Silikonbändchen einkräuseln – *Einreihen von Weite auf Seite 109.*

Die Rüschen nun rechts auf rechts an Vorderteil bzw. Rückteil stecken und annähen.

Die Kanten der angeschnittenen Bänder von Vorder- und Rückenärmel mit Jerseystreifen einfassen – *Ausschnitt und Kanten mit Jerseystreifen versäubern auf Seite 114.*

Die Ärmelteile jeweils an der Ärmelkugelspitze Kante an Kante zusammenlegen und innerhalb der Nahtzugabe zusammennähen. Dann die Shirtärmel in die Armlöcher einnähen, dabei auf die im Schnitt eingezeichneten Markierungen achten. Anschließend Vorderteil und Rückteil wieder rechts auf rechts aufeinanderlegen und die Seitennähte von Ärmel und Rumpf jeweils mit einer durchgehenden Naht schließen. Dabei darauf achten, dass die Quernähte genau aufeinandertreffen – *Shirtärmel offen einnähen auf Seite 108.*

Die Nahtzugabe der Seitennaht an den Ärmelsaumkanten zu einer Seite legen und kurz feststeppen.

Die Rückteilblende und die Vorderteilblende rechts auf rechts aufeinanderlegen und die Schulternähte schließen. Die Nahtzugaben auseinander bügeln und die Blendenkanten nach innen umbügeln. Die Blenden nun rechts auf links an den Ausschnitt annähen, nach außen wenden und die Halslochkante flachbügeln. Dann entlang der umgebügelten Blendenkante feststeppen – *Ausschnittblende auf Seite 124.*

Zum Schluss den Rüschensaum mit der Coverlock nähen – *Säumen / Coverlocksaum auf Seite 122.*

Lisann 3

Körperumspielender Schnitt • Vorderteil mit Schlitz und Falte • Saumschlitze • Stehkragen • Eingesetzter Dreiviertelärmel mit Gummizug

Schwierigkeitsgrad: ●●●

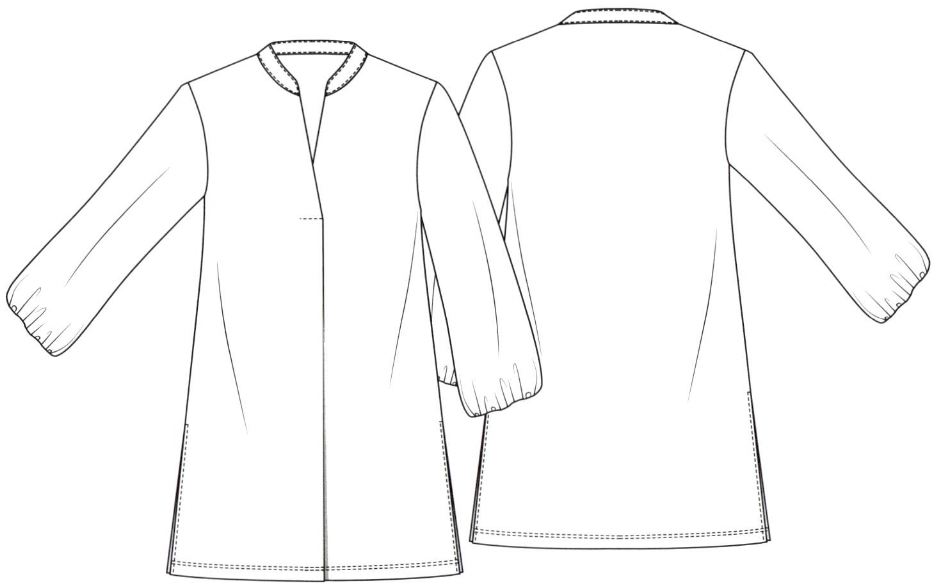

Stoff und Nähzubehör

- Viskose-Jersey, 150 cm breit, von Buttinette: 1,35/1,35/1,35/1,40/1,40/1,45/1,45/1,45 m
- bi-elastische Einlage für Kragen und Beleg
- Gummiband für Ärmelsaum, 0,5 cm breit: 2x je 21/21,8/22,6/23,4/24,2/25/25,8/26,8 cm zzgl. Nahtzugabe

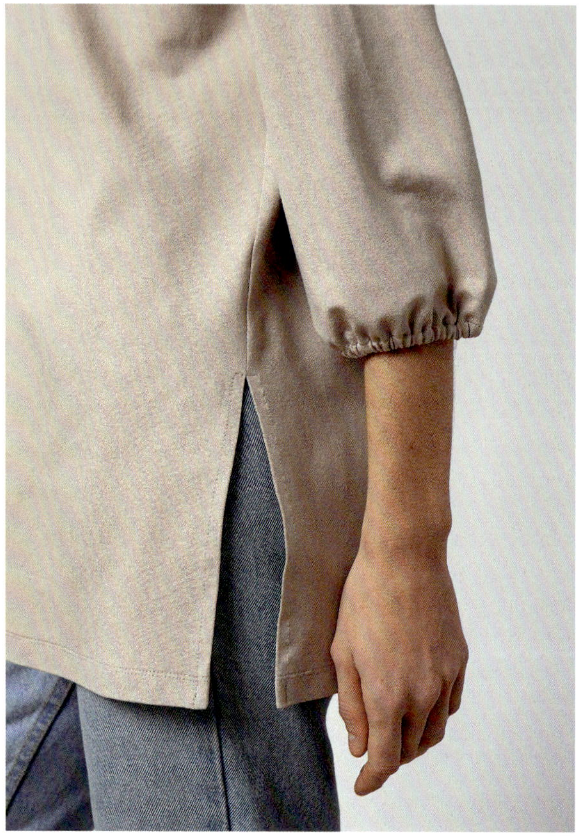

Schnittteile

L3 und **AE8** auf Bogen 3B
L5 auf Bogen 3A
KRH auf Bogen 1A
BEH auf Bogen 1B

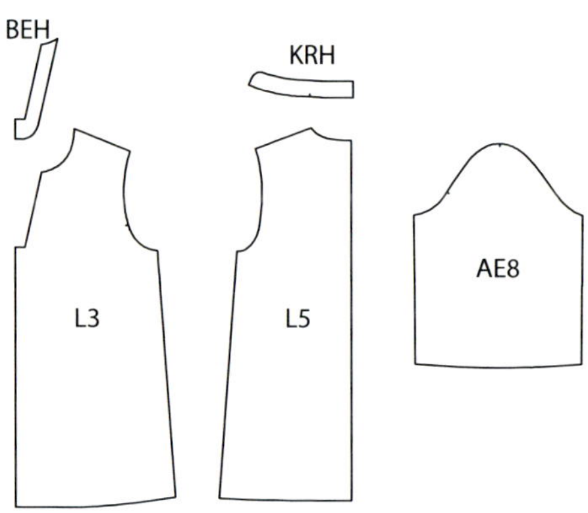

Zuschnitt

Vorderteil L3 - 1x im Stoffbruch
Rückteil L5 - 1x im Stoffbruch
jeweils mit Halsloch HLH, geradem Saum, Saumlinie B, und Seitennahtschlitzen

Ärmel AE8 – 2x gegengleich
Kragen KRH – 2x im Stoffbruch
Beleg Vorderteil BEH – 1x im Stoffbruch

Naht- und Saumzugaben hinzufügen.

Anleitung

Den Schlitz des Vorderteils mit Beleg verstürzen. Die Falte von rechts nach links legen und feststeppen – Faltendetail im Vorderteil *auf Seite 118.*

Vorderteil und Rückteil rechts auf rechts legen und die Schulternähte schließen. Dann die Kanten der Saumschlitze der Seitennähte versäubern und nach innen umbügeln. Ein Stück der Seitennaht oberhalb der Schlitzenden mit Geradstich schließen – Saumschlitze *auf Seite 119.*

Die Shirtärmel in die Armlöcher einnähen, dabei auf die im Schnitt eingezeichneten Markierungen achten. Anschließend Vorderteil und Rückteil wieder rechts auf rechts aufeinanderlegen und die Seitennähte von Ärmel und Rumpf jeweils mit einer durchgehenden Naht schließen – Shirtärmel offen einnähen *auf Seite 108.*

Die Ärmelsäume nähen und die Gummibänder einziehen – Gummiband einziehen *auf Seite 119.*

Dann den Stehkragen an das Halsloch annähen – Kragen / Stehkragen *auf Seite 123.*

Den Saum umbügeln und mit der Coverlock nähen – Säumen / Coverlocksaum *auf Seite 122.*

Zum Schluss die Saumschlitze rundherum feststeppen – Saumschlitze *auf Seite 119.*

Lisann 4

Körperumspielender Schnitt • Spitzenpasse • Reihweite am Rückteil • eingesetzter Shirtärmel • Brusttasche aus Spitzenstoff

Schwierigkeitsgrad: ● ● ●

Stoff

- Bio-Baumwolljersey, 160 cm breit, von Buttinette: 0,90/0,90/0,90/0,90/0,95/0,95/0,95/0,95 m
- Spitzenstoff, 145 cm breit, von Buttinette: 0,20 m alle Größen

Schnittteile

L1 auf Bogen 3A
L6a, L6b und **TA1** auf Bogen 3B
AE1b auf Bogen 2A

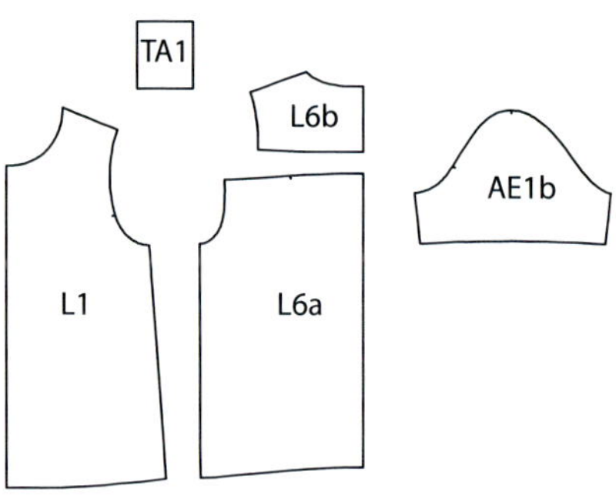

Zuschnitt

aus dem Jersey:

Vorderteil L1 – 1x im Stoffbruch
Rückteil L6a – 1x im Stoffbruch
jeweils mit Halsloch HLB und geradem Saum, Saumlinie A

Ärmel AE1b – 2x gegengleich
Jerseystreifen für das Halsloch, Maße siehe *Ausschnitt und Kanten mit Jerseystreifen versäubern auf Seite 114*

aus der Spitze:

Passe Rückteil L6b – 1x im Stoffbruch
Tasche TA1 – 1x
Naht- und Saumzugaben hinzufügen. Die Tascheneingriffskante ist hier ohne Nahtzugabe, da sie an die Bogenkante der Spitze angelegt wird.

Anleitung

Die Brusttasche entsprechend der Markierung auf das linke Vorderteil aufnähen – Aufgesetzte Tasche *auf Seite 110.*

Dann das untere Rückteil an der Passennaht gleichmäßig zwischen den Markierungen mit dem Geradstich der Nähmaschine einkräuseln – Einreihen von Weite *auf Seite 109.*

Die Passe rechts auf rechts auf das Rückteil legen und feststecken. Die Passennaht nun schließen, die Nahtzugabe nach unten bügeln und kantig absteppen. Vorderteil und Rückteil rechts auf rechts legen und die Schulternähte schließen. Dann die Nahtzugaben zum Vorderteil hin bügeln.

Die Shirtärmel in die Armlöcher einnähen, dabei auf die im Schnitt eingezeichneten Markierungen achten. Anschließend Vorderteil und Rückteil wieder rechts auf rechts aufeinanderlegen und die Seitennähte von Ärmel und Rumpf jeweils mit einer durchgehenden Naht schließen – Shirtärmel offen einnähen *auf Seite 108.*

Dann den Ausschnitt mit dem Jerseystreifen versäubern – Ausschnitt und Kanten mit Jerseystreifen versäubern *auf Seite 114.*

Die Säume von Rumpf und Ärmel versäubern, anschließend nach innen umbügeln und auf der Innenseite mit der Coverlock nähen, sodass der Versäuberungsstich außen sichtbar ist – Säumen: Coverlocksaum *auf Seite 122.*

Lisann 5

Körperumspielender Schnitt • Vorderteil mit Saumdrapee • Eingesetzter, langer Ärmel • Ärmelblende mit Schlitz

Schwierigkeitsgrad: ●●●

Stoff

- Viskose-Jersey, 150 cm breit, von Buttinette: 1,45/1,45/1,50/1,50/1,50/1,55/1,55/,155 m

Schnittteile

L5 Teil 1 auf Bogen 3B
L4 Teil 2 auf Bogen 3A
AE6c und **AE6c*** auf Bogen 2B

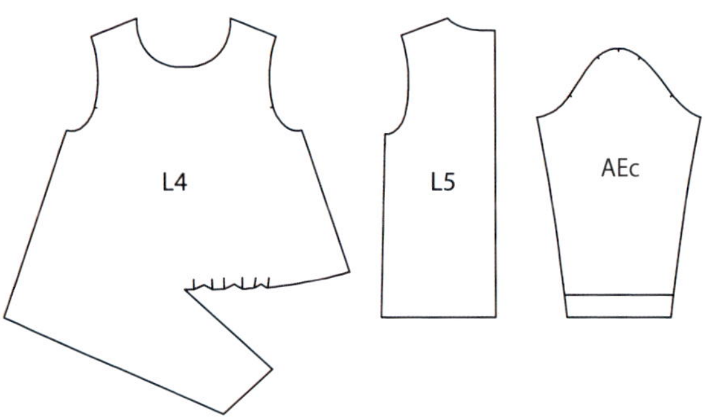

L4 besteht aus 2 Schnittteilen, die vorher zusammengeklebt werden müssen.

Zuschnitt

Vorderteil L4 – 1x offen, **Achtung:** das Schnittteil auf die linke Warenseite auflegen!
Rückteil L5 – 1x im Stoffbruch
jeweils mit Halsloch HLB und geradem Saum, Saumlinie C

Ärmel bis Saumlinie Blendenabtrennung AE6c – 2x gegengleich
Blende AE6c* – 2x gegengleich
Halslochbündchen, Maße siehe Bündchen *auf Seite 111*

*) Ärmelblende abpausen und das Schnittteil an der unteren Kante spiegeln.

Wichtig: Am Vorderteil ringsum Nahtzugabe hinzufügen! Am Rückteil muss am Saum eine Zugabe von 3 cm + Nahtzugabe angestellt werden (z. B. 3 cm + 0,7 cm = 3,7 cm)!

Anleitung

Die Falten am Vorderteil zur Mitte hin umlegen, feststecken und innerhalb der Nahtzugabe mit Geradstich fixieren.

Die untere schräge Saumkante mit der Overlock versäubern, bis zum Punkt B an der Bruchlinie nach innen umbügeln und knapp neben der Overlocknaht durchsteppen.

Anschließend das schräge Saumteil an der kurzen Kante zur Hälfte umlegen und die Kanten von Punkt A aus bis Punkt B innerhalb der Nahtzugabe zusammennähen. Danach diese zusammengenähte Kante rechts auf rechts an die obere Kante des Vorderteils mit den bereits fixierten Falten stecken und die Naht von Seitennaht bis Punkt A schließen.

Den Saum des Rückteils versäubern, nach oben umbügeln und in der gleichen Breite wie am Vorderteil steppen. Dann Vorderteil und Rückteil rechts auf rechts legen und die Schulternähte schließen

Die Ärmel in die Armlöcher einnähen, dabei auf die im Schnitt eingezeichneten Markierungen achten. Anschließend Vorderteil und Rückteil wieder rechts auf rechts aufeinanderlegen und die Seitennähte von Ärmel und Rumpf jeweils mit einer durchgehenden Naht schließen – *Shirtärmel offen einnähen auf Seite 108.*

Die Nahtzugaben der Seitennähte am Saumende zum Rückteil hin umlegen und kurz feststeppen. Dann die Ärmelblenden entlang der Längskanten rechts auf rechts zur Hälfte umlegen und die kurzen Kanten mit Geradstich schließen. Die Blenden wenden und die Nähte sowie die Bruchkante flachbügeln.

Die Hälfte des Ärmelsaums markieren. Nun die Blenden rechts auf rechts an die Ärmelsäume stecken, sodass die verstürzten Kanten an dieser Markierung genau aufeinandertreffen, und wie ein klassisches Bündchen annähen, jedoch ohne dabei Zug auszuüben – *Bündchen / Klassisches Bündchen auf Seite 111.*

Das Bündchen an die Ausschnittkante annähen – *Bündchen / Klassisches Bündchen auf Seite 111.*

Das hintere Halsloch mit einem Jerseystreifen abdecken – *Hinteres Halsloch innen abdecken / Abdecken mit einem Jerseystreifen auf Seite 120.*

Lisann 6

Körperumspielender Schnitt • Tiefer Ausschnitt mit Kräuselung am Vorderteil • Gummizug am Saum • Glockenärmel

Schwierigkeitsgrad: ●●○

Stoff und Nähzubehör

- Feinstrick-Ajour-Jersey, 140 cm breit, von Buttinette: 1,30/1,30/1,35/1,35/1,40/1,40/1,45/1,45 m
- Gummiband 0,5 cm breit, Länge: 82/85/88/92/96/100/106/112 cm zzgl. Nahtzugaben

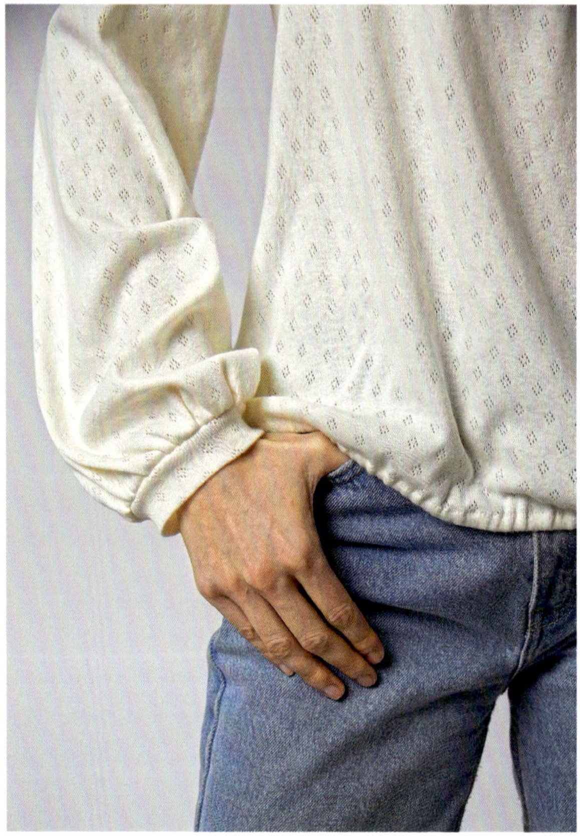

Schnittteile

L2 auf Bogen 2A
L5 auf Bogen 3A
AE7 auf Bogen 3B

Zuschnitt

Vorderteil L2 – 1x im Stoffbruch
Rückteil L5 – 1x im Stoffbruch
jeweils mit Halsloch HLG und geradem Saum, Saumlinie C

Ärmel AE7 - 2x gegengleich
Ärmelsaumbündchen – 2x gegengleich, jeweils 5 cm breit: 17,5/18/18,5/19/19,5/20/20,5/21 cm zzgl. Nahtzugaben

Naht- und Saumzugaben hinzufügen.

Anleitung

Vorderteil und Rückteil rechts auf rechts legen und die Schulternähte schließen.

Den Ärmelsaum mit Silikonband auf die Bündchenweite einkräuseln – Einreihen von Weite / Einreihen mit Elastikbändchen *auf Seite 109.*

Die Shirtärmel in die Armlöcher einnähen, dabei auf die im Schnitt eingezeichneten Markierungen achten. Anschließend Vorderteil und Rückteil wieder rechts auf rechts aufeinanderlegen und die Seitennähte von Ärmel und Rumpf jeweils mit einer durchgehenden Naht schließen – Shirtärmel offen einnähen *auf Seite 108.*

Die Ausschnittkante des Vorderteils gleichmäßig zwischen den Markierungen auf 12 cm einkräuseln. Dann den Ausschnitt mit dem Jerseystreifen versäubern – Ausschnitt und Kanten mit Jerseystreifen versäubern *auf Seite 114.*

Die Bündchen an die Ärmelsäume nähen – Bündchen / Klassisches Bündchen *auf Seite 111.*

Zum Schluss die Ärmelsäume als doppelten Saum umnähen und die Gummibänder einziehen – Gummiband einziehen *auf Seite 119.*

Mavie

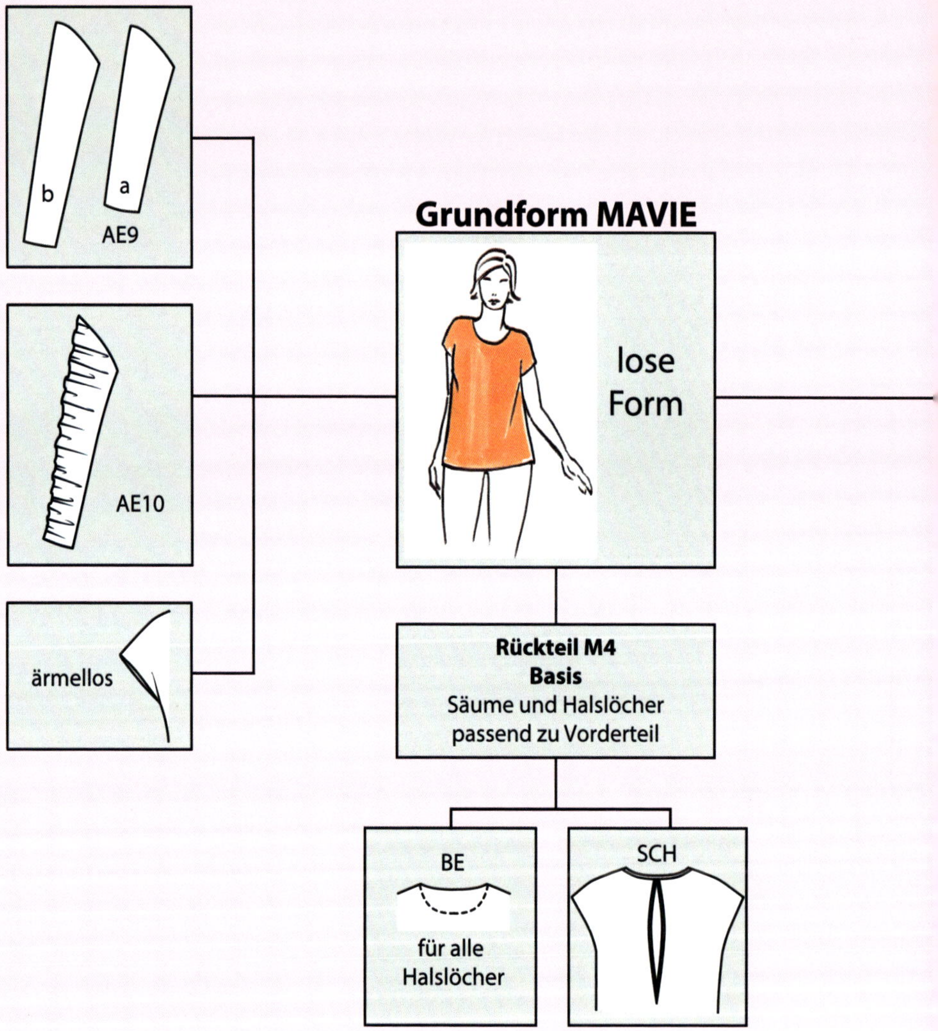

Abkürzungen:

AE – Ärmel
BE – Beleg
BL – Blende
CU – Cut-Out
HL – Halsloch
KA – Kapuze
KR – Kragen
RU – Rüsche
SCH – Schlitz
ST – Seitenteil
TA – Tasche
VO – Volant

Shirt mit körperumspielendem Schnitt und überschnittener Schulter mit allen Kombinationsmöglichkeiten

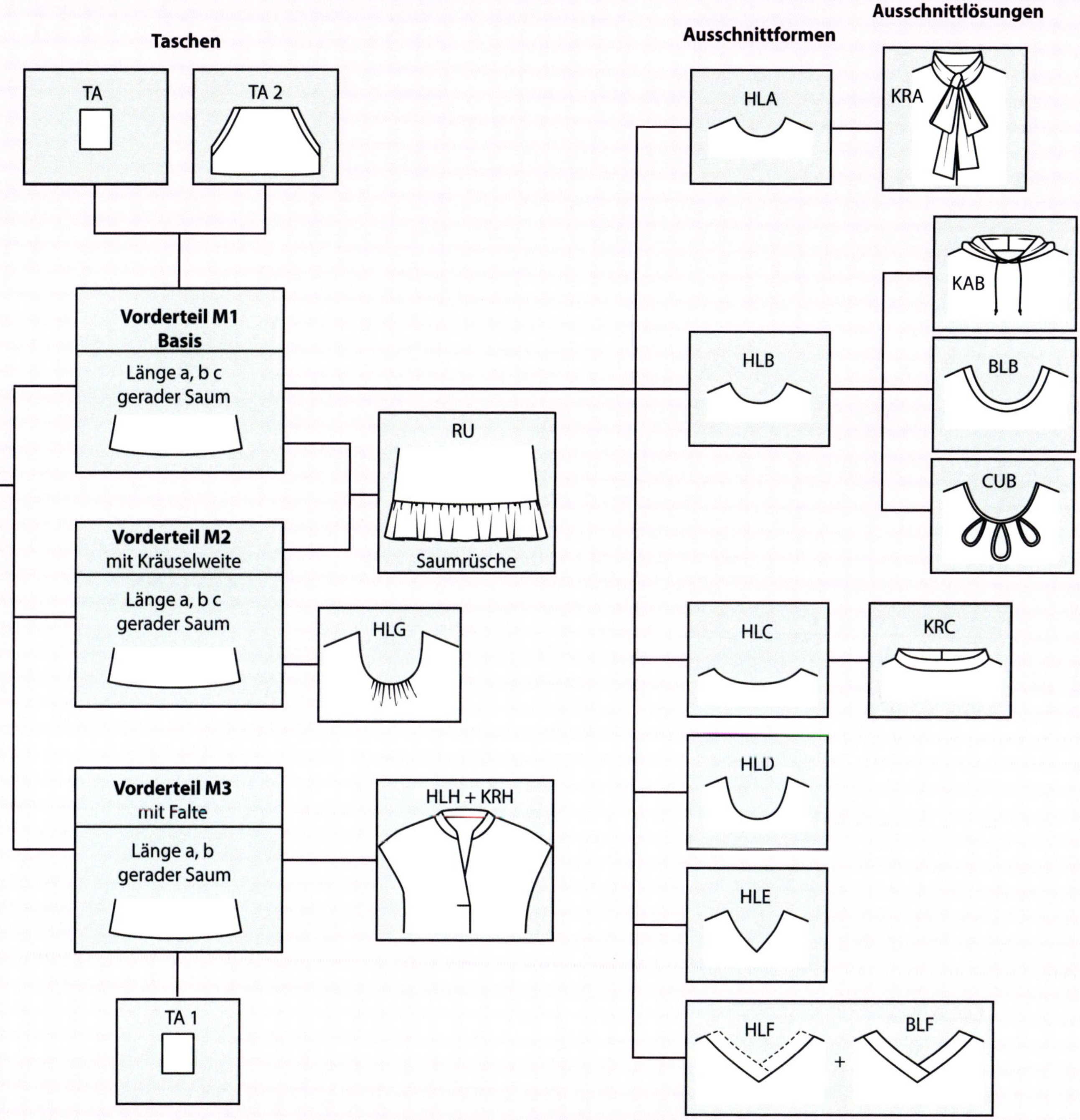

Mavie 1

Körperumspielender Schnitt • überschnittene Schulter • U-Boot-Ausschnitt • doppellagiges Rollbündchen • langer Ärmel

Schwierigkeitsgrad: ● ● ●

Stoff

- Baumwoll-Jersey,160 cm breit, von Buttinette: 1,20/1,20/1,25/1,25/1,25/1,30/1,30/1,30 m

Schnittteile

Alle Schnittteile auf Bogen 1B

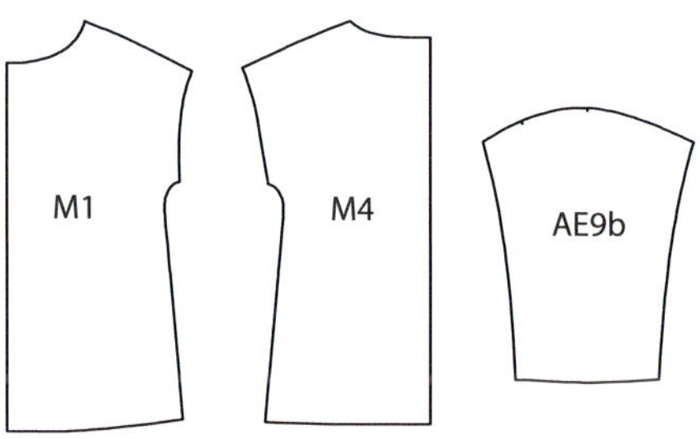

Zuschnitt

Vorderteil M1 – 1x im Stoffbruch
Rückteil M4 – 1x im Stoffbruch
jeweils mit Halsloch HLC und geradem Saum, Saumlinie A

Ärmel AE9b lang – 2x gegengleich
Jerseystreifen für Halsloch – 1x, Maße siehe *Ausschnitt und Kanten mit Jerseystreifen versäubern auf Seite 114*

Nahtzugaben mit Ausnahme an den Armlöchern von Vorder- und Rückteil (**Achtung:** Nur bei dieser Verarbeitung!) und Saumzugaben hinzufügen.

Anleitung

Vorderteil und Rückteil rechts auf rechts legen und die Schulternähte schließen. Dann die Ärmelkugel mit der Overlock versäubern

Die Ärmel rechts auf rechts in der Breite der Nahtzugabe UNTER die Armlöcher schieben, feststecken und auf der Innenseite knapp neben der Armlochschnittkante mit der Coverlock feststeppen. Der Versäuberungsstich ist nun außen. Alternativ kann auch auf der rechten Seite mit einem Zierstich (z. B. Zick-Zack) gesteppt werden.

Anschließend Vorderteil und Rückteil wieder rechts auf rechts aufeinanderlegen und die Seitennähte von Ärmel und Rumpf jeweils mit einer durchgehenden Naht schließen – *Shirtärmel offen einnähen auf Seite 108.*

Das doppellagige Rollbündchen an die V-Ausschnittkante annähen – *Bündchen / Bündchen mit Rollkante auf Seite 113.*

Das hintere Halsloch mit einem Fischgratbändchen abdecken – *Hinteres Halsloch innen abdecken / Abdecken mit einem Webbändchen auf Seite 120.*

Dann die Säume von Rumpf und Ärmel versäubern und nach innen umbügeln. Die Säume auf der Innenseite mit der Coverlock nähen, sodass der Versäuberungsstich als Flatlock außen sichtbar ist – *Säumen: Coverlocksaum auf Seite 122.*

Mavie 2

Körperumspielender Schnitt • überschnittene Schulter • großer V-Ausschnitt mit überlappender breiter Blende • Dreiviertelärmel

Schwierigkeitsgrad: ● ● ●

Stoff und Nähzubehör

- Viskose-Jersey, 150 cm breit, von Buttinette: 1,10/1,10/1,15/1,15/1,20/1,20/1,20/1,20 m

- etwas Fixiereinlage für die vordere Halslochecke

Schnittteile

Alle Schnittteile auf Bogen 1B

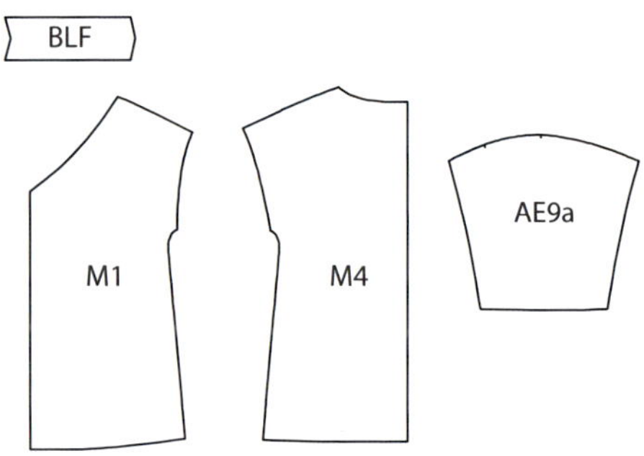

Zuschnitt

Vorderteil M1 - 1x im Stoffbruch
Rückteil M4 - 1x im Stoffbruch
jeweils mit Halsloch HLF, gerader Saum, Saumlinie A

Ausschnittblende BLF – 2x gegengleich
Ärmel AE9b, Dreiviertellänge – 2x gegengleich
Jerseystreifen für hinteres Halsloch 1x, Maße siehe *Hinteres Halsloch innen abdecken / Abdecken mit einem Jerseystreifen auf Seite 120*

Naht- und Saumzugaben hinzufügen.

Anleitung

Die Ausschnittblenden an der Längskante zur Hälfte umbügeln und in den vorderen Ausschnitt überlappend einnähen – *V-Ausschnittbündchen auf Seite 112.*

Vorderteil und Rückteil rechts auf rechts legen und die Schulternähte schließen. **Achtung:** Da das Halsloch des Vorderteils schon fertig ist, endet die vordere Schulternaht an der Nahtlinie der hinteren und nicht an der Schnittkante!

Das hintere Halsloch nun mit dem Jerseystreifen versäubern. Die Enden dabei an der Schulter vor dem Feststeppen nach innen umschlagen – *hinteres Halsloch innen abdecken auf Seite 120.*

Dann die Kanten der Saumschlitze der Seitennähte versäubern und nach innen umbügeln. Ein Stück der Seitennaht oberhalb der Schlitzenden mit Geradstich schließen – *Saumschlitze auf Seite 119.*

Die Ärmel in die Armlöcher einnähen, dabei auf die im Schnitt eingezeichneten Markierungen achten. Anschließend Vorderteil und Rückteil wieder rechts auf rechts aufeinanderlegen und die Seitennähte von Ärmel und Rumpf jeweils mit einer durchgehenden Naht schließen – ***Shirtärmel offen einnähen** auf Seite 108.*

Dann die Säume an Rumpf und Ärmel nähen – *Säumen/ Coverlocksaum auf Seite 122.*

Zum Schluss die Saumschlitze rundherum feststeppen – *Saumschlitze auf Seite 119.*

Mavie 3

Körperumspielender Schnitt • überschnittene Schulter • Vorderteil mit Schlitz und Falte • Stehkragen • umgeklappte Ärmelbündchen

Schwierigkeitsgrad: ●●●

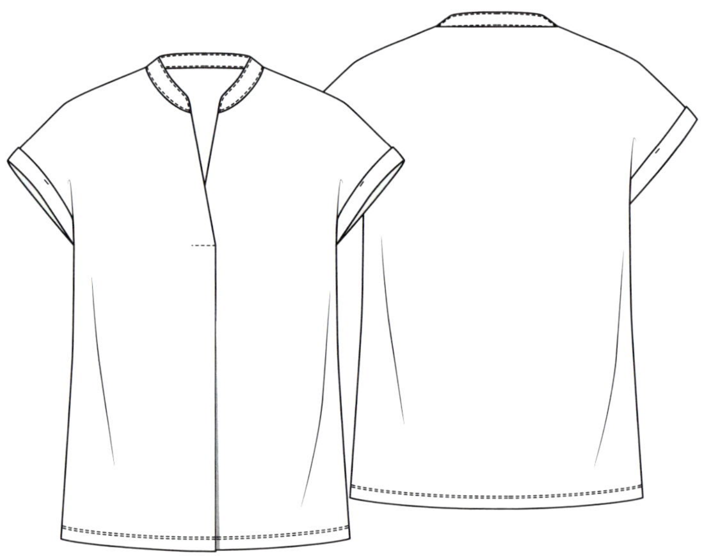

Stoff und Nähzubehör

- Baumwoll-Jersey, 160 cm breit, von Buttinette: 1,00/1,00/1,00/1,05/1,05/1,05/1,10/1,10 m
- bi-elastische Einlage für Kragen und Beleg

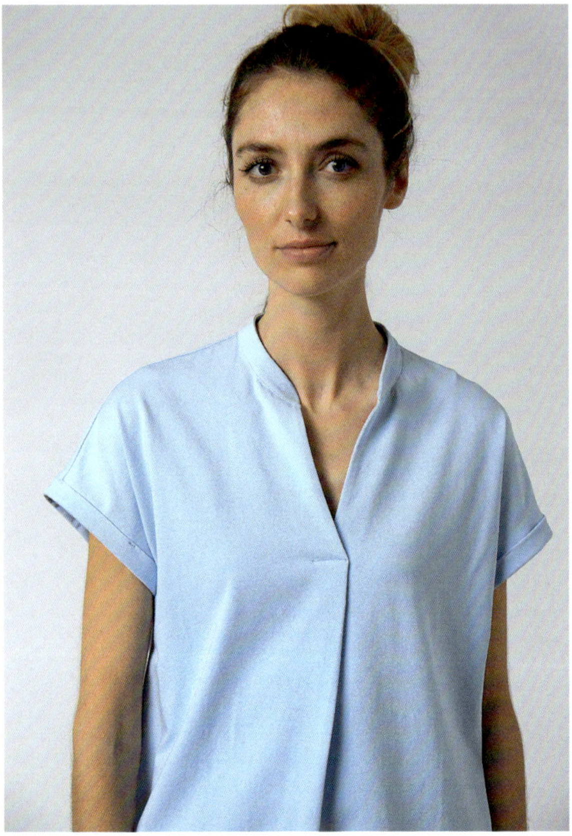

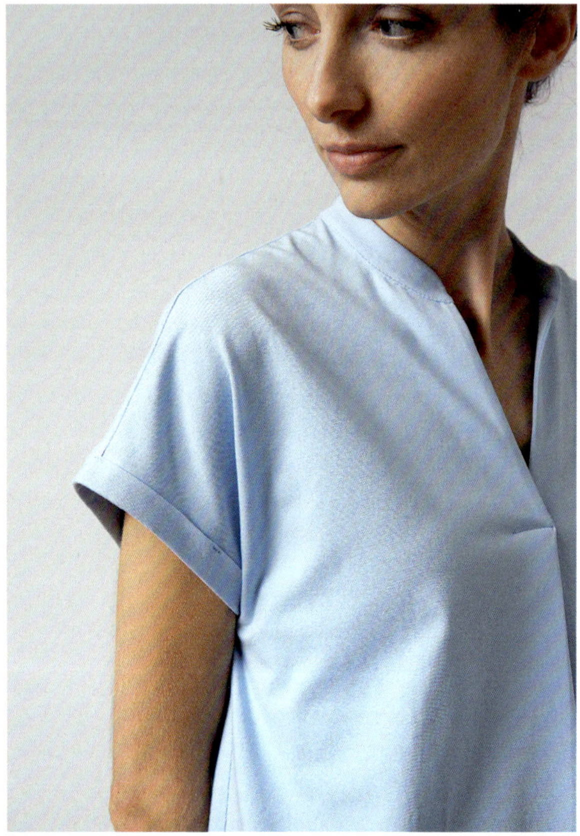

Schnittteile

M3, M4 und **BEH** auf Bogen 1B
KRH auf Bogen 1A

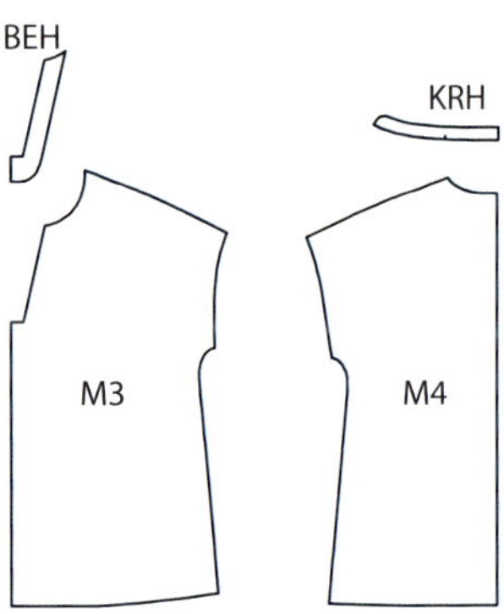

Zuschnitt

Vorderteil M3 – 1x im Stoffbruch
Rückteil M4 – 1x im Stoffbruch
jeweils mit Halsloch HLH und geradem Saum, Saumlinie A

Stehkragen KRH – 2x im Stoffbruch
Beleg Vorderteil BEH – 1x im Stoffbruch
Bündchen für Armlöcher 2x, Maße siehe *Umgeklapptes Bündchen als Ärmelsaumabschluss auf Seite 113*
Jerseystreifen für Halsloch 1x, Maße siehe *Ausschnitt und Kanten mit Jerseystreifen versäubern auf Seite 114*

Naht- und Saumzugaben hinzufügen.

Anleitung

Den Schlitz des Vorderteils mit dem Beleg verstürzen. Die Falte von rechts nach links legen und feststeppen – *Faltendetail im Vorderteil auf Seite 118.*

Vorderteil und Rückteil rechts auf rechts legen und die Schulternähte sowie die Seitennähte schließen. Dann den Stehkragen an das Halsloch annähen – *Kragen / Stehkragen auf Seite 123.*

Nun die Bündchen an die Armlöcher rechts auf rechts aufstecken und annähen. Bündchen nach außen umschlagen und mit Geradstich an Schulter, Seitennaht und jeweils in der Hälfte der Strecke von Schulter bis Armloch fixieren – *Umgeklapptes Bündchen als Ärmelsaumabschluss auf Seite 113.*

Zum Schluss den Saum am Rumpf mit der Coverlock nähen – *Säumen / Coverlocksaum auf Seite 122.*

Mavie 4

Körperumspielender Schnitt • überschnittene Schulter • Kapuze • Känguruntasche • Rückteil-Beleg

Schwierigkeitsgrad: ●●○

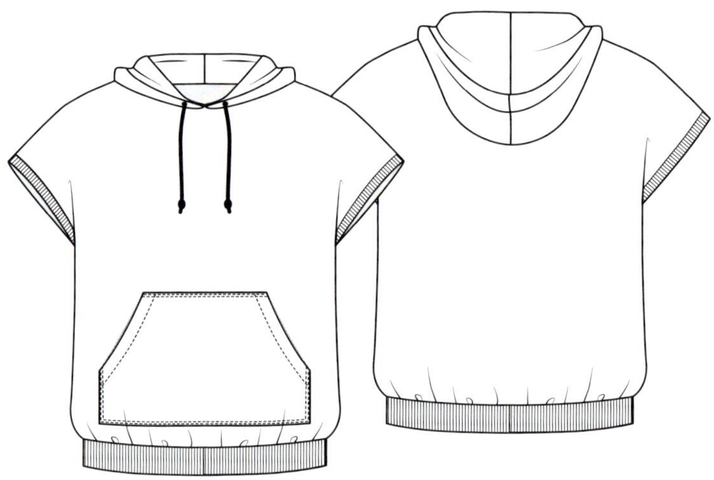

Stoff und Nähzubehör

- Baumwoll-Jersey, 160 cm breit, von Buttinette: 1,25/1,25/1,30/1,30/1,30/1,30/1,35/1,35 m
- Bündchenware, 90 cm breit, von Buttinette: 0,30/0,30/0,30/0,30/0,30/0,35/0,35/0,35 m
- etwas Fixiereinlage für die Knopflöcher des Hoodie-Tunnelzuges
- Anorak-Kordel, 4 mm breit: 1,50 m
- 2 Stück Kordelenden

Schnittteile

M1 und **M4** auf Bogen 1B
KAB, TA2 und **BEB** auf Bogen 2A

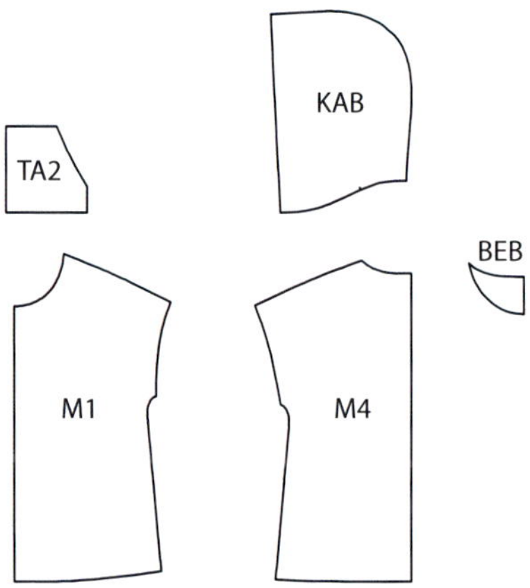

Zuschnitt

aus dem Jersey:

Vorderteil M1 – 1x im Stoffbruch
Rückteil M4 – 1x im Stoffbruch
jeweils mit Halsloch HLB und geradem Saum, Saumlinie C

Kapuze KAB – 4x gegengleich
Kängurutasche TA2 – 1x im Stoffbruch
Beleg Rückteil BEB – 1x im Stoffbruch
Jerseystreifen für Halsloch 1x, Maße siehe *Ausschnitt und Kanten mit Jerseystreifen versäubern auf Seite 114*

aus der Bündchenware:

Saumbund 1x, Breite 10 cm, Länge 79/83/87/91/95/99/103/108 cm zzgl. Nahtzugaben
Ärmelsaumbündchen 2x, Maße siehe *Bündchen/ Klassisches Bündchen auf Seite 111*
Naht- und Saumzugaben hinzufügen. Bei der Kängurutasche darauf achten, dass die seitlichen Eingriffskanten eine gespiegelte Saumzugabe benötigen!

Anleitung

Die seitlichen Tascheneingriffskanten nach innen umbügeln und wie einen Saum mit der Coverlock nähen. Dann die Taschenkanten umbügeln und entsprechend der Markierung auf die rechte Vorderteilseite aufsteppen – *Aufgesetzte Tasche auf Seite 110.*

Vorderteil und Rückteil rechts auf rechts legen und die Schulternähte sowie Seitennähte schließen.

Als Vorbereitung für den Tunnelzug der Kapuze die Knopflochpositionen mit etwas bi-elastischer Einlage nach Herstellerangaben verstärken. Dann die Knopflöcher jeweils links und rechts auf die Außenseite der Kapuze nähen. Alternativ können hier auch Ösen nach Anleitung des Herstellers angebracht werden.

Die hintere Mittelnaht der Innen- und Außenkapuze schließen. Dann die Kapuzenteile rechts auf rechts aufeinanderlegen, die vordere Kante zusammenstecken und diese Naht schließen. Die Kapuze wenden, sodass sie links auf links liegt, und die vordere Kante im Nahtbruch flachbügeln.

Nun den Tunnel bei 2 cm von der vorderen Kante durchsteppen. Die Kapuze an der Ansatznaht fixieren, indem Innen- und Außenkapuze an Schulter und hinterer Mitte mit ein paar Geradstichen zusammengenäht werden. Anschließend die Kapuze rechts auf rechts so an das Halsloch stecken, dass an der vorderen Mitte die Kapuzenkanten insgesamt 4 cm überlappen und sich die Knopflöcher an der Außenseite befinden. Dann die Naht schließen.

Mit dem Rückteil-Beleg das hintere Halsloch abdecken – *Hinteres Halsloch innen abdecken: Abdecken mit einem Beleg auf Seite 121.*

Den Bund rechts auf rechts an den Saum stecken und unter gleichmäßigem, leichtem Zug annähen – *Bündchen / Klassisches Bündchen auf Seite 111.*

Die Bündchen an die Ärmelsäume nähen – *Bündchen / Klassisches Bündchen auf Seite 111.*

Die Kordel in den Kapuzentunnel ziehen und die Kordelenden anbringen.

Mavie 5

Körperumspielender Schnitt • überschnittene Schulter • U-Boot-Ausschnitt • Umlegekragen • Gummizug an Schulter und Saum

Schwierigkeitsgrad: ● ● ●

Stoff und Nähzubehör

- Viskose-Jersey, 150 cm breit, von Buttinette: 0,90/0,90/0,95/0,95/0,95/1,00/1,00/1,00 m
- Gummiband für Saum, 0,5 cm breit: 82/85/88/92/96/100/106/112 cm zzgl. Nahtzugaben
- Gummiband für Ärmel, 0,5 cm breit: 2x je 10 cm zzgl. Nahtzugaben

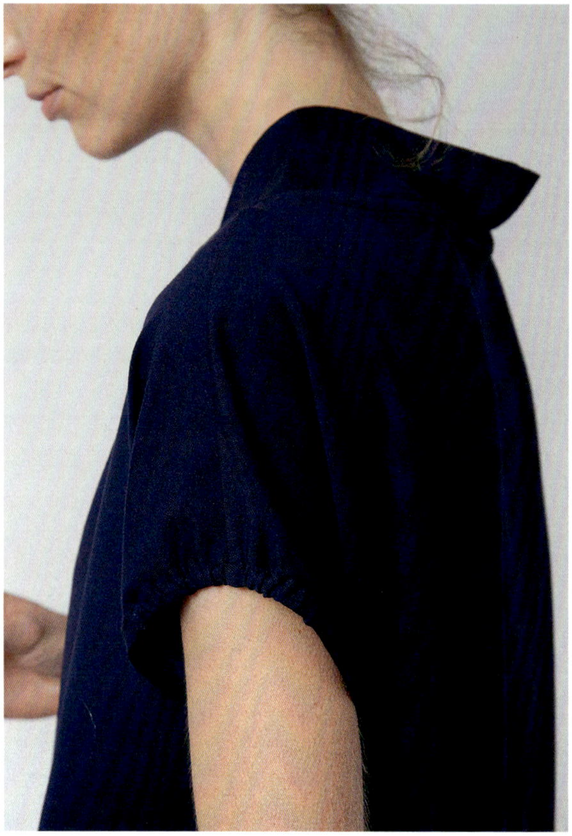

Schnittteile

M1, M4 auf Bogen 1B
KRC auf Bogen 2A

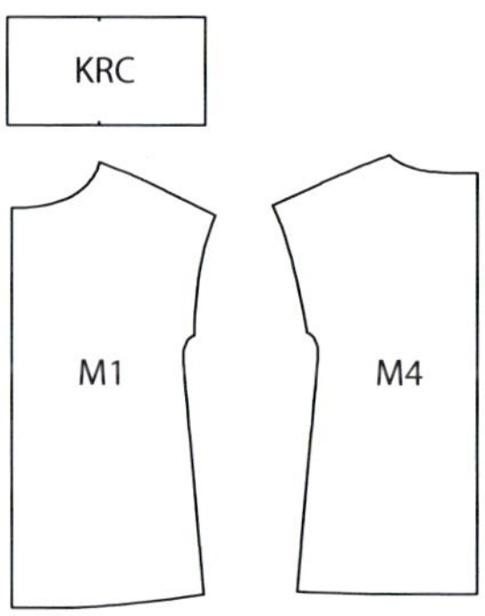

Zuschnitt

Vorderteil M1 – 1x im Stoffbruch
Rückteil M4 – 1x im Stoffbruch
jeweils mit Halsloch HLC und geradem Saum, Saumlinie C

KRC Kragen – 1x im Stoffbruch
Jerseystreifen für Halsloch – 1x, Maße siehe *Hinteres Halsloch innen abdecken / Abdecken mit einem Jerseystreifen auf Seite 120*

Naht- und Saumzugaben hinzufügen. Ärmelsaumkanten mit 2 cm Nahtzugabe!

Anleitung

Vorderteil und Rückteil rechts auf rechts legen, die Schulternähte sowie die Seitennähte schließen

Den Kragen an den kurzen Kanten zur Hälfte rechts auf rechts legen, zum Ring schließen und die Nahtzugaben auseinanderbügeln. Dann den Kragen der Längsseite entlang links auf links umbügeln und fixieren, indem die Längskanten an ein paar Stellen kurz mit Geradstichen innerhalb der Nahtzugabe festgesteppt werden. Anschließend den Kragen rechts auf rechts an den Ausschnitt stecken, sodass die Naht an der hinteren Mitte liegt, und annähen.

Das hintere Halsloch mit einem Jerseystreifen abdecken – *Hinteres Halsloch innen abdecken/ Abdecken mit einem Jerseystreifen auf Seite 120.*

Den Kragen nun nach außen zur Hälfte umlegen, die Bruchkante aber nicht festbügeln!

Die Ärmelsaumkanten zunächst einmal 1 cm breit, dann die umgebügelte Kante nochmal 1 cm nach innen umbügeln und jeweils 7 cm zu beiden Seiten der Schulternaht, also über insgesamt also 14 cm entlang der inneren Kante feststeppen. Gummiband mit Hilfe einer Sicherheitsnadel einziehen und an den Nahtenden quer zur Saumkante feststeppen. Nun den restlichen Saum zunähen – *Gummiband einziehen auf Seite 119.*

Den Saum als doppelten Saum nähen und das Gummiband einziehen – *Gummiband einziehen auf Seite 119.*

Enya

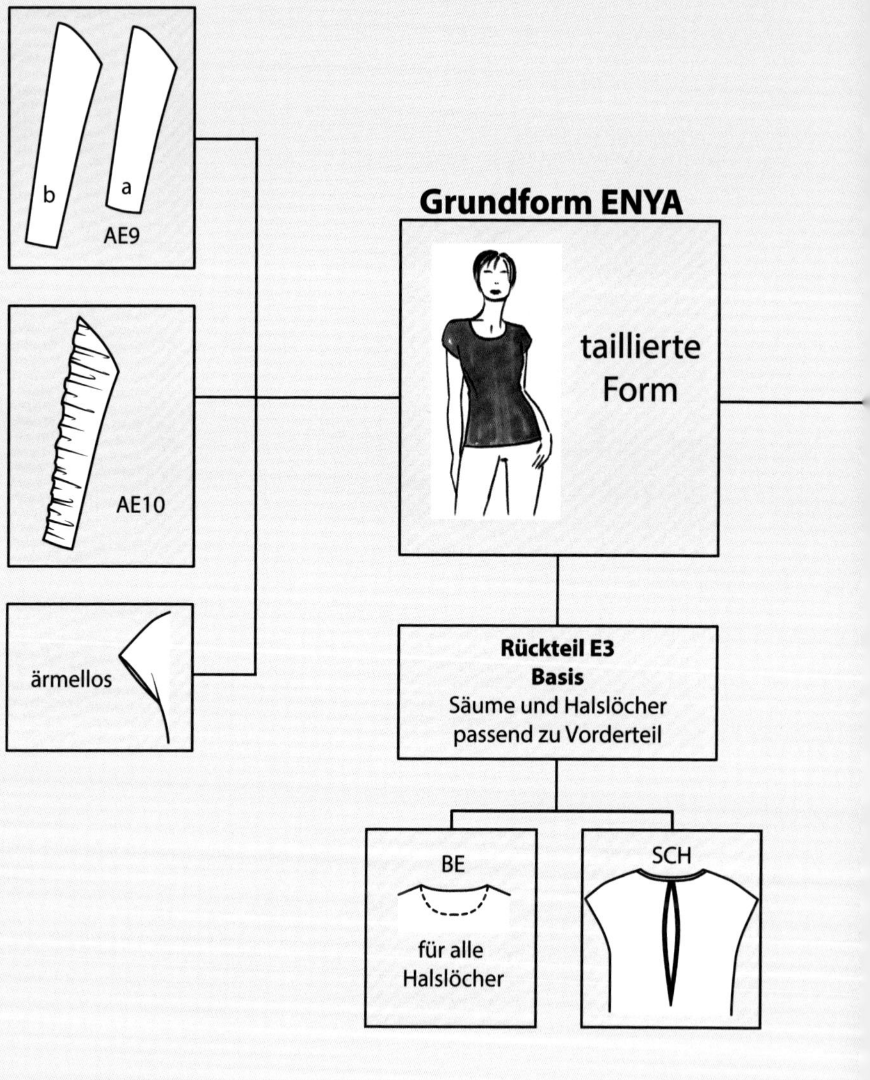

Abkürzungen:

AE – Ärmel
BE – Beleg
BL – Blende
CU – Cut-Out
HL – Halsloch
KA – Kapuze
KR – Kragen
RU – Rüsche
SCH – Schlitz
ST – Seitenteil
TA – Tasche
VO – Volant

Shirt mit tailliertem Schnitt und überschnittener Schulter mit allen Kombinationsmöglichkeiten

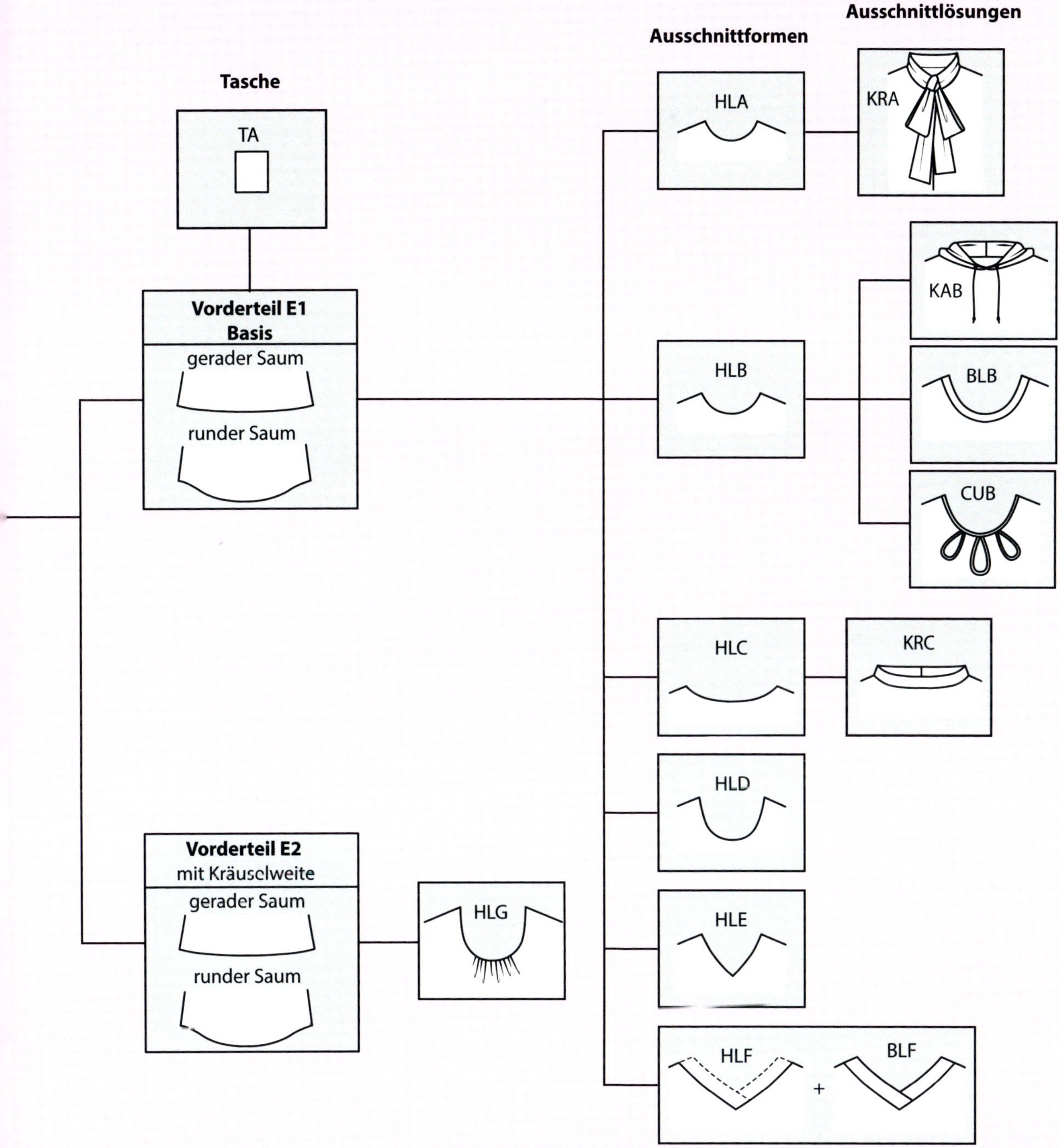

Enya 1

Taillierter Schnitt • überschnittene Schulter • verdrehtes Ausschnittbündchen • gerundeter Saum

Schwierigkeitsgrad: ● ● ●

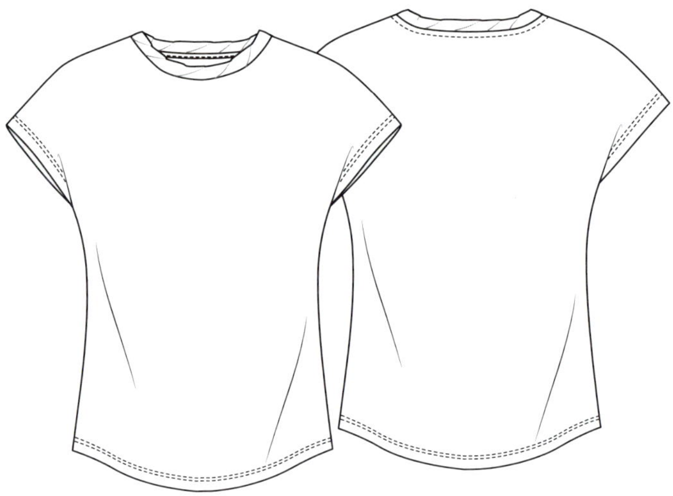

Stoff

- Viskose-Jersey, 150 cm breit, von Der rote Faden: 0,85/0,85/0,85/0,85/0,90/0,90/0,90/0,90 m

Schnittteile

Alle Schnittteile auf Bogen 1A

Zuschnitt

Vorderteil E1 – 1x im Stoffbruch
Rückteil E3 – 1x im Stoffbruch
jeweils mit gerundetem Saum

Bündchen für Halsloch – 1x, Maße siehe *Bündchen / Verdrehtes Bündchen auf Seite 114*
Jerseystreifen für hinteres Halsloch – 1x, Maße siehe *Hinteres Halsloch innen abdecken / Abedecken mit einem Jerseystreifen auf Seite 120*

Nahtzugaben hinzufügen, Saumzugaben am Rumpf und Ärmel maximal 1,5 cm.

Anleitung

Vorderteil und Rückteil rechts auf rechts legen, die Schulternähte sowie die Seitennähte schließen.

Ein verdrehtes Bündchen an das Halsloch nähen – *Bündchen / Verdrehtes Bündchen auf Seite 114.*

Die Säume an Rumpf und Ärmel nach innen umbügeln und mit der Coverlock nähen.

Enya 2

Taillierter Schnitt • überschnittene Schulter • U-Boot-Ausschnitt • geraffter Ärmel

Schwierigkeitsgrad: ● ● ●

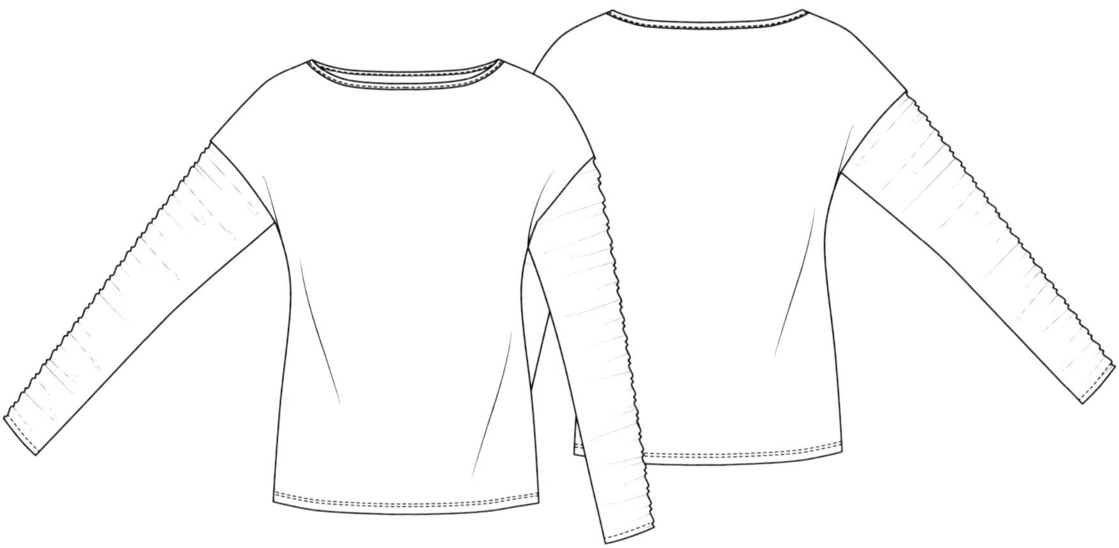

Stoff und Nähzubehör

- Viskose-Jersey, 150 cm breit, von Buttinette: 1,40/1,40/1,40/1,45/1,45/1,50/1,50/1,55 m
- Gummiband, 1,0 cm breit: 43,5/43,5/44/44/44,5/44,5/45/45 cm zzgl. Nahtzugabe

Schnittteile

Alle Schnittteile auf Bogen 1A

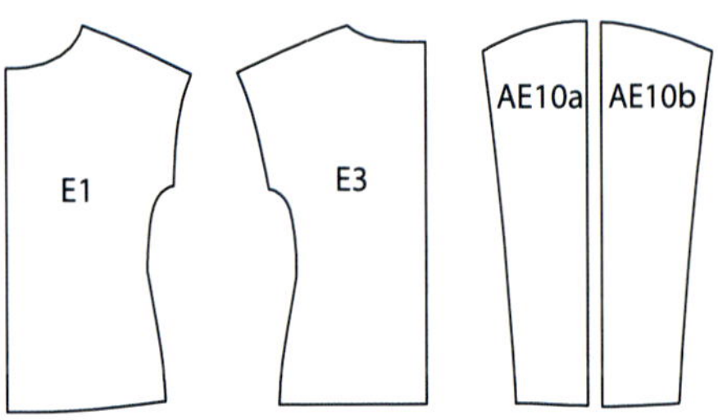

Zuschnitt

Vorderteil E1 – 1x im Stoffbruch
Rückteil E3 – 1x im Stoffbruch
jeweils mit Halsloch HLC und geradem Saum

Vorderärmel AE10a – 2x gegengleich
Hinterärmel AE10b – 2x gegengleich
Jerseystreifen für das Halsloch – 1x, Maße siehe *Ausschnitt und Kanten einfassen auf Seite 116*

Naht- und Saumzugaben hinzufügen. Ausschnitt ohne Nahtzugabe zuschneiden. An den Längsteilungsnähten der Ärmel jeweils 1,5 cm Nahtzugabe anstellen, am Ärmelsaum 1,5 cm Saumzugabe!

Anleitung

Vorderteil und Rückteil rechts auf rechts legen und die Schulternähte schließen.

Die Schnittkanten der Ärmelteilungsnähte versäubern. Je einen Vorderärmel und einen Hinterärmel rechts auf rechts legen und die Längsteilungnähte schließen, die Nahtzugaben auseinanderbügeln und jeweils knapp neben der Versäuberungskante durchsteppen. Durch beide Tunnel nun mit Hilfe einer Sicherheitsnadel jeweils ein Gummiband ziehen. Die Bänder unten und oben innerhalb der Nahtzugabe festnähen.

Die Shirtärmel in die Armlöcher einnähen, dabei auf die im Schnitt eingezeichneten Markierungen achten. Anschließend Vorderteil und Rückteil wieder rechts auf rechts aufeinanderlegen und die Seitennähte von Ärmel und Rumpf jeweils mit einer durchgehenden Naht schließen – *Shirtärmel offen einnähen auf Seite 108.*

Das Halsloch mit dem Jerseystreifen einfassen – *Ausschnitt und Kanten einfassen auf Seite 116.*

Die Ärmelsäume als doppelten Saum nähen – *Säumen: Doppelter Saum auf Seite 122.*

Den Rumpf-Saum nach innen umbügeln und mit der Coverlock nähen – *Säumen: Coverlocksaum auf Seite 122.*

Enya 3

Taillierter Schnitt • überschnittene Schulter • Cut-Outs am Vorderteil-Ausschnitt

Schwierigkeitsgrad: ●●○

Stoff

- Bio-Baumwoll-Jersey, 150 cm breit, von Der rote Faden: 0,90/0,90/0,90/0,90/0,95/0,95/0,95/0,95 m

Schnittteile

Alle Schnittteile auf Bogen 1A

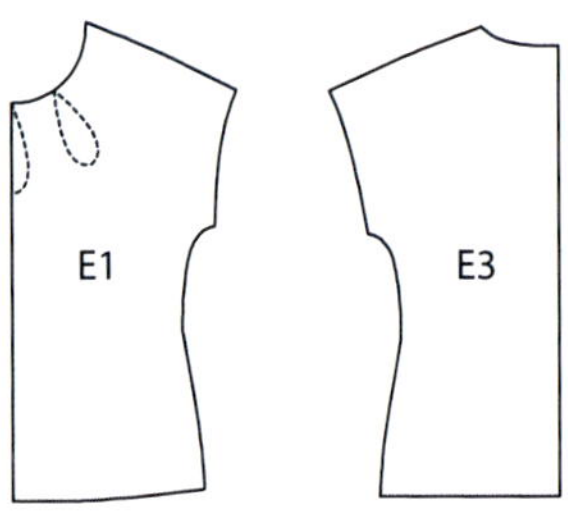

Zuschnitt

Vorderteil E1 – 1x im Stoffbruch
Rückteil E3 – 1x im Stoffbruch
jeweils mit Halsloch HLB - CU* und geradem Saum

Jerseystreifen für Halsloch 1x, Maße siehe *Ausschnitt und Kanten einfassen auf Seite 116*
Jerseystreifen für Cut-outs 3x, Maße siehe *Ausschnitt und Kanten einfassen auf Seite 116*

Nahtzugaben hinzufügen, Ausschnitt- und Cut-Outs ohne Nahtzugaben zuschneiden! Saumzugaben am Rumpf und Ärmel max. 1,5 cm *) Die Öffnungen am Vorderteil nach Schablone CU auf Schnittteil abpausen und beim Zuschnitt mit ausschneiden.

Anleitung

Die Cut-outs mit Jerseystreifen einfassen. Dabei darauf achten, dass die Jerseystreifen an den unteren Rundungen stärker gedehnt angenäht werden müssen, damit sich die Rundungen anschließend schön legen – Ausschnitt und Kanten einfassen *auf Seite 116.*

Vorderteil und Rückteil rechts auf rechts legen, die Schulternähte sowie die Seitennähte schließen.

Die eingefassten Cut-outs jeweils am Ausschnitt genau Kante an Kante legen und innerhalb der Nahtzugabe kurz mit Geradstich zusammennähen.

Dann das Halsloch mit dem Jerseystreifen einfassen – Ausschnitt und Kanten einfassen *auf Seite 116.*

Die Säume von Rumpf und Ärmel versäubern, nach innen umbügeln und mit dem Elastic-Zick-Zack-Stich oder einem anderen Zierstich der Nähmaschine nähen.

Step-by-Step Anleitungen

Viele grundlegende Arbeitsschritte werden bei T-Shirts auf gleiche Weise gearbeitet. Sowohl diese als auch modellspezifische Arbeitsschritte beschreiben wir hier Schritt für Schritt mit vielen Detail- und Schrittfotos, sodass sie leicht nachgearbeitet werden können. In den einzelnen Modellanleitungen verweisen wir durch farbige Markierungen auf die Anleitungen, die in diesem Kapitel beschrieben werden.

Shirtärmel offen einnähen

Zunächst die Schulternähte schließen. Dann den Ärmel rechts auf rechts in das Armloch stecken. Gut darauf achten, dass die Markierungspunkte genau aufeinanderpassen!

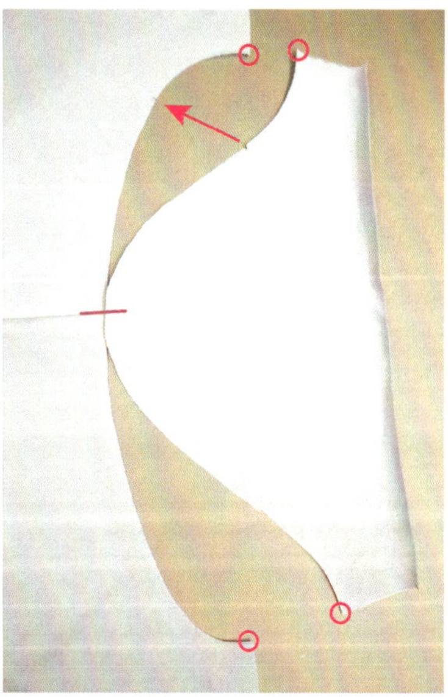

Da Armloch und Ärmelkugel unterschiedlich geformt sind, diese Strecke ruhig mit ein paar Klammern oder Nadeln mehr fixieren. Die Naht schließen, ohne sie dabei zu dehnen.

Anschließend Vorderteil und Rückteil wieder rechts auf rechts aufeinanderlegen und die Seitennähte von Ärmel und Rumpf jeweils mit einer durchgehenden Naht schließen. An der Seitennaht sollen die Armlochnähte genau aufeinandertreffen. Damit die Naht nicht dick und knubbelig wird, die Nahtzugaben gegengleich legen.

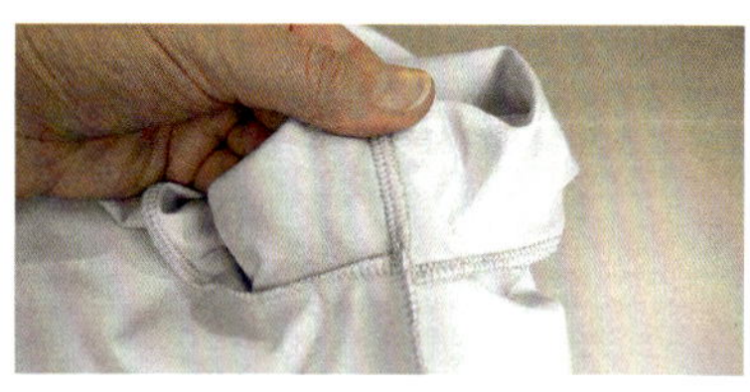

Einreihen von Weite

Für das Einreihen von Weite, landläufig auch Kräuseln genannt, gibt es bei Jerseys zwei Möglichkeiten, die wir hier vorstellen:

Einreihen mit Geradstich

Diese Methode ist für kürzere Strecken geeignet, die ein exaktes Reihmaß erfordern z. B. für eine Ärmelkugel.

Mit dem längsten Stich der Nähmaschine zwei Reihen innerhalb der Nahtzugabe steppen, dabei die Enden nicht vernähen.

Anschließend an beiden Enden an den abstehenden Fadenenden gleichzeitig anziehen und so die Strecke auf die gewünschte Länge einkräuseln.

An den Enden der gekräuselten Strecke jeweils eine Stecknadel durchstecken und die Fadenenden in Achter-Schlingen um diese wickeln. So bleibt die eingereihte Weite und die entstandenen Reihfältchen können gleichmäßig verteilt werden.

Nun die Schnittkanten der Teile, die zusammengenäht werden sollen, rechts auf rechts aufeinanderstecken und die Naht schließen. Die Reihfäden anschließend am besten einfach rausziehen.

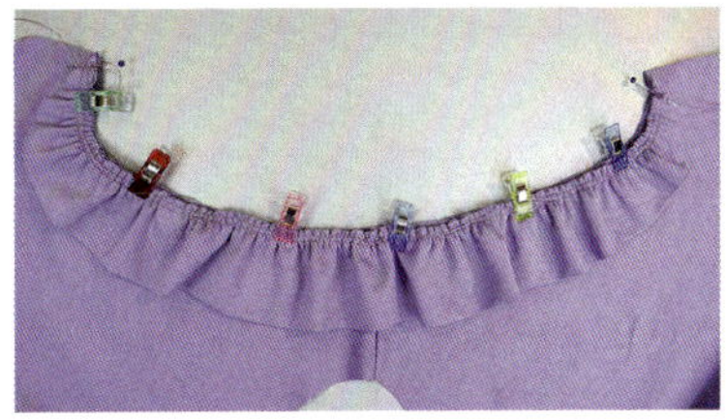

Einreihen mit Elastikbändchen

Diese Arbeitsweise eignet sich für längere Strecken z. B. für Saumrüschen.

Erst die Länge der Kante messen, die mit dem eingereihten Teil zusammengenäht werden soll. In dieser gemessenen Länge ein schmales Silikonbändchen (z. B. Fromilon, 6 mm breit) oder ein Gummibändchen zuschneiden. Anschließend das Silikon- oder Gummiband unter gleichmäßigem Zug auf der linken Stoffseite aufnähen.

Nun kann das eingekräuselte Schnittteil an das passende andere Schnittteil gesteckt und die Naht geschlossen werden.

Fadenraupe

Das überstehende Ende der Overlocknaht, auch Fadenraupe genannt, sollte entweder erst gut verknotet und dann abgeschnitten oder mit Hilfe einer Nadel in die Nahtzugabe eingezogen werden.

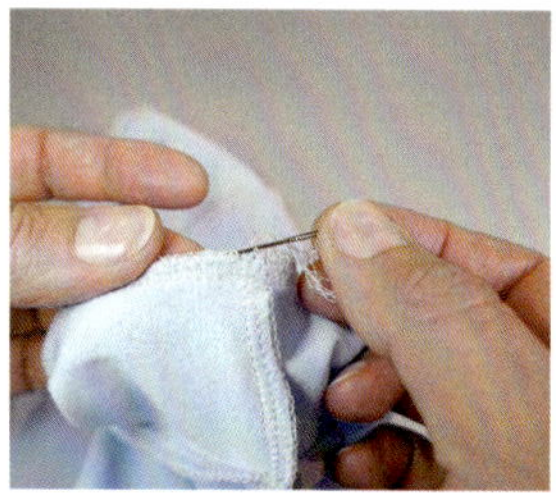

Aufgesetzte Tasche

Die obere Kante versäubern, die Saumzugabe nach innen umbügeln und knapp neben der Versäuberungskante feststeppen. Alternativ kann diese Naht auch mit der Coverlock genäht werden. Bei unserer modellspezifischen Spitzentasche die Bogenkante des Spitzenstoffs als Tascheneingriffskante wählen.

Die seitlichen und unteren Taschenkanten mit Hilfe einer Schablone in fertiger Taschengröße umbügeln. **Tipp:** Schneidet man diese Kanten mit etwa 1,5 cm – 2 cm Nahtzugabe zu, lassen sie sich leichter umbügeln.

Die Nahtzugabe nach dem Bügeln auf die gewünschte Breite (0,7 cm – 1 cm) zurückschneiden.

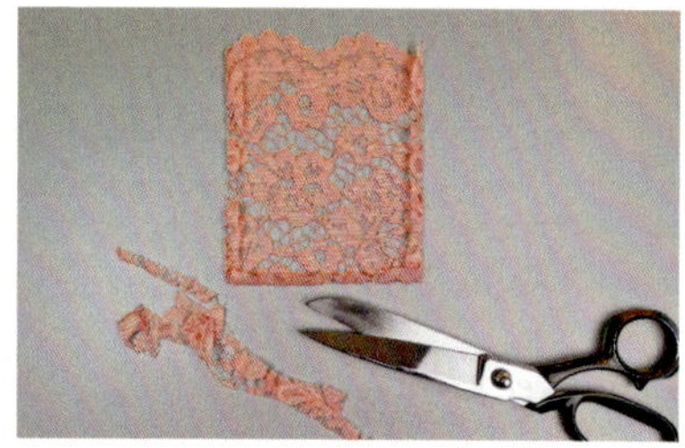

Die Markierungspunkte für die Taschenposition mit Hilfe eines Trickmarkers oder eines Fadens auf die rechte Stoffseite übertragen. Dann die Tasche aufstecken. Die Stecknadeln sollten dabei quer zur Kante zeigen.

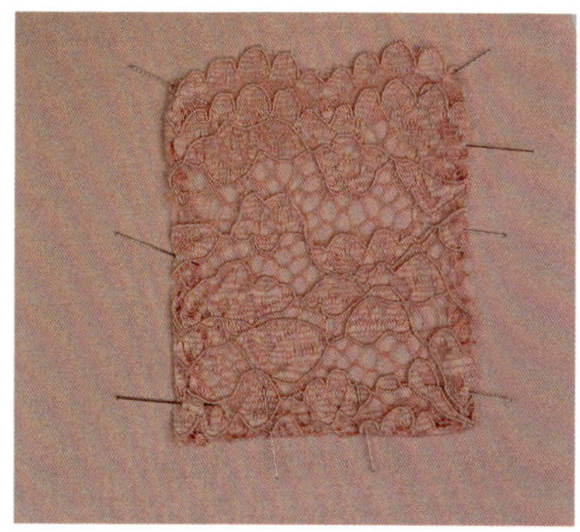

Die Tasche beginnend von rechts oben aufsteppen – erst knappkantig entlang, dann oben an der Eingriffskante kurz quer und bei etwa 0,5 cm vom ersten Stepp entfernt wieder zurück zur Ausgangsposition.

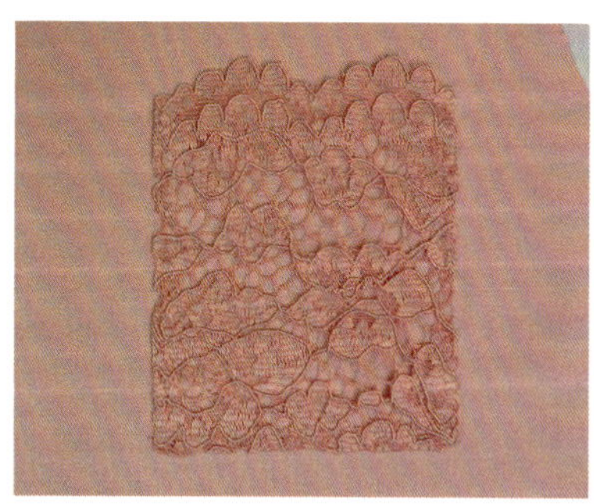

Sie können wie eben beschrieben auch eine Brusttasche aus Jersey aufnähen.

Die Kängurutasche wird ähnlich wie die aufgesetzte Tasche gearbeitet. Die Tascheneingriffskante befindet sich hier jedoch seitlich. Dabei ist zu beachten, dass die Saumzugabe an den Ecken gespiegelt ist.

Bündchen

Bei unseren T-Shirts finden sich unterschiedliche Kantenabschlüsse mit Bündchen. Hier zeigen wir die wichtigsten Verarbeitungsschritte und Tipps.

Bündchen können aus Bündchenware (Rippenjersey) oder aus demselben Jersey wie das Shirt genäht werden. Sie können doppellagig und im Bruch gearbeitet werden, aber auch einlagig oder doppellagig mit geschnittener Kante, die auch als »raw edge« bezeichnet wird. Die Eigenschaft vieler Jerseyqualitäten, an den Kanten einzurollen, wird hier als dekoratives Extra eingesetzt.

Sie können die Breite des Bündchens nach Belieben selbst bestimmen, dabei gibt es nur ein paar Dinge zu beachten:
Ausschnittbündchen sollten nicht breiter als 2,5 cm sein. Je kleiner und runder der Ausschnitt, desto schlechter schmiegt sich das Bündchen an die Form und es kann unschöne Falten geben oder abstehen, je breiter es ist. Und Sie müssen vorher bedenken: Je breiter das Bündchen, desto mehr verkleinert es den Ausschnitt.

Auch die Breiten von Saumbündchen sind variabel, aber auch hier sollten Sie zusätzliche Längen, die sich bei breiteren Bündchen ergeben, im Blick behalten und gegebenenfalls eine kürzere Schnittform wählen.
Achtung: Ausgestellte Ärmel wie der Glockenärmel müssen vorher eingereiht werden, bevor das Bündchen angenäht wird – Einreihen von Weite *auf Seite 109.*

Um die passende Länge des Bündchens zu ermitteln, erst die Kante ausmessen, an die das Bündchen angenäht werden soll. Diese Länge mit einem der folgenden Faktoren multiplizieren:
0,7 – bei weicher, sehr elastischer Bündchenware
0,8 – bei festem Bündchenstoff oder Jersey
0,9 – bei geraderen Kanten, wie die vorderen Kanten eines V-Ausschnittes

Klassisches Bündchen

Da das klassische Bündchen doppellagig im Bruch liegt, errechnet sich die Breite des Bündchens wie folgt: **2x fertige Bündchenbreite + 2x Nahtzugabe** hinzufügen, d.h. soll das Bündchen 1 cm breit sein mit einer Nahtbreite von 0,7 cm, muss man einen Streifen von 3,4 cm Breite zuschneiden.
Den Bündchen-Streifen an der Längskante links auf links zur Hälfte zusammenlegen und die Bruchkante vorbügeln. **Tipp:** Das Umbügeln kann grundsätzlich auch erst nach dem Schließen der schmalen Kante erfolgen. Je länger das Bündchen ist, desto leichter fällt es aber häufig, dies noch im offenen Zustand vor dem Schließen zur Runde zu machen.

Dann das Bündchen an den kurzen Kanten rechts auf rechts zum Ring schließen. Damit das Bündchen an dieser Stelle nicht zu dick wird, sollte die Naht mit der Nähmaschine geschlossen werden. Anschließend die Nahtzugaben auseinander bügeln.

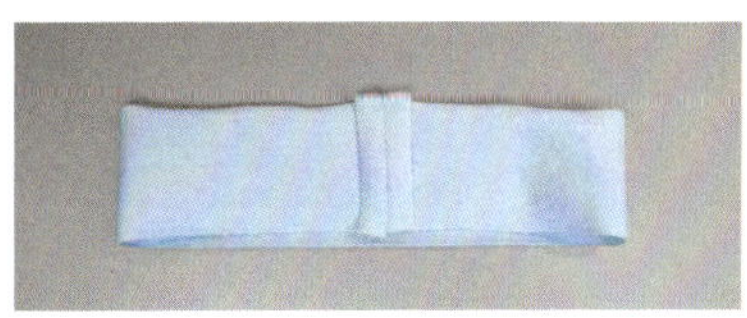

Danach das Bündchen an den langen Kanten links auf links aufeinanderlegen, sodass die eben geschlossene Naht innen liegt und die Höhe halbiert ist. Das Bündchen fixieren, indem die Längskanten an ein paar Stellen kurz mit dem Geradstich innerhalb der Nahtzugabe festgesteppt werden.

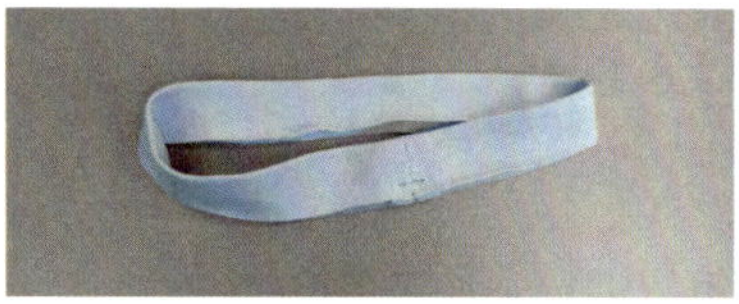

Die Mitte des Bündchens, bei längeren Bündchen auch noch die geviertelten Strecken des Bündchens sowie die Bündchen-Ansatzkante markieren. Das Bündchen mit den offenen Kanten rechts auf rechts an die Ansatzkante stecken und unter gleichmäßiger Dehnung annähen.

Die Bündchenansatznaht kann nach Wunsch abgesteppt werden.

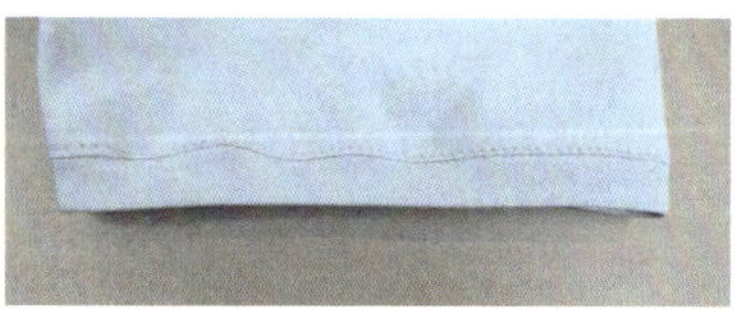

V-Ausschnitt-Bündchen

Die Ausschnittecke des Vorderteils mit Fixiereinlage verstärken.

Die kurzen Kanten des Bündchenstreifens rechts auf rechts aufeinanderlegen. Die Enden im Winkel von jeweils 45° mit Geradstich schräg abnähen.

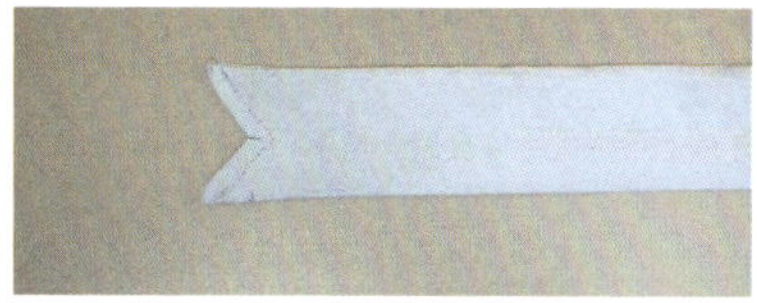

Die Nahtzugaben auseinanderbügeln. Dann das Bündchen entlang der Längskante links auf links zur Hälfte aufeinanderlegen und die Bruchkante umbügeln.

Das Bündchen fixieren, indem die Längskanten an ein paar Punkten kurz mit dem Geradstich innerhalb der Nahtzugabe festgesteppt werden. Die Abpasspunkte an Schultern und hinterer Mitte markieren. Dafür die Halslochkanten des Schnittes vorne und hinten ausmessen, das vordere Halslochmaß mit 0,9 multiplizieren, das hintere Halslochmaß mit 0,8 multiplizieren und diese beiden Längen mit Trickmarker oder Zwicken auf dem Bündchen markieren.

Nun das Bündchen an die Ausschnittkante stecken und an der vorderen Spitze des Ausschnitts beginnend an das Halsloch annähen. Das Bündchen dabei im vorderen Halsloch nur sehr leicht, im hinteren Halsloch etwas stärker gleichmäßig dehnen.

Breitere Bündchen können wie bei Modell Mavie #2 in der vorderen Mitte auch lose überlappen. Dafür an kurzen Seiten des Bündchens den Winkel des V-Ausschnittes übertragen, überlappend aufeinanderlegen und mit Geradstich kurz fixieren. Anschließend wie beim klassischen Bündchen *auf Seite 111* beschrieben einnähen.

Bündchen mit Rollkante

Das Bündchen wird nicht zur Hälfte umgebügelt, sondern bleibt einlagig und die Kante rollt sich nach außen um. Das funktioniert allerdings nicht bei allen Jerseyqualitäten. Am besten eignet sich Baumwolljersey dazu. Einen tollen Effekt gibt es auch, wenn zwei unterschiedlich breite, einlagige Jerseystreifen als **doppellagiges Rollbündchen** eingenäht werden.

Dafür schneiden Sie zwei Streifen zu, wobei der unten liegende Streifen 1 cm breiter ist. Angenäht wird es wie das klassische Bündchen *auf Seite 111.*

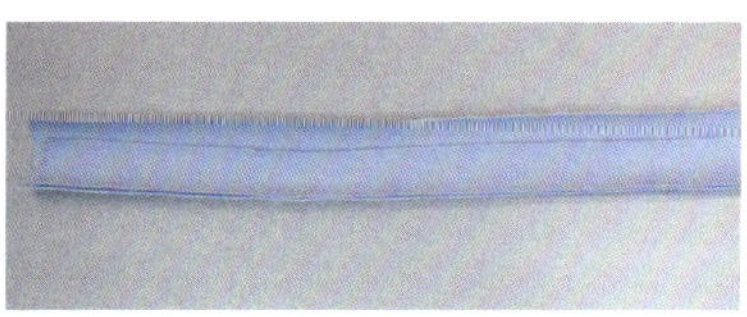

Durch Ziehen an den Bündchenstreifen rollen sich die Kanten auf.

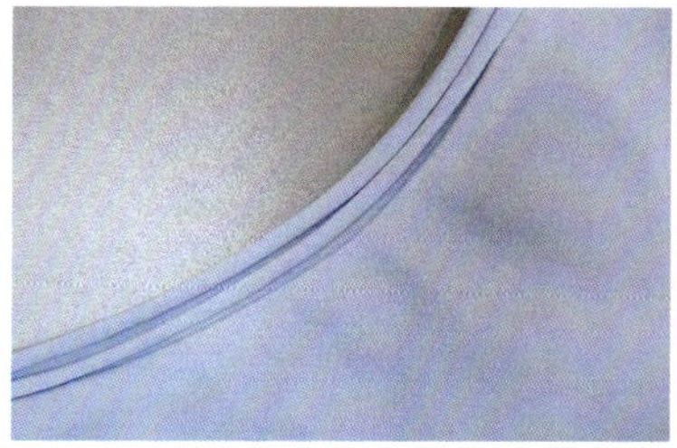

Tipp: Die auseinandergebügelten Nahtzugaben der kurzen Bündchenschließnaht jeweils nach innen einschlagen und absteppen. Die gerollte Kante fixieren, indem sie im Verlauf dieser Naht kurz festgesteppt wird.

Umgeklapptes Bündchen als Ärmelsaumabschluss

Für dieses modische Ärmelsaumdetail benötigen Sie **4x gewünschte Bündchenbreite + Nahtzugabe**, d.h. soll das Bündchen fertig umgeklappt 1,5 cm breit sein, muss der Bündchenstreifen 6 cm zuzüglich Nahtzugabe geschnitten werden. Der Mulitiplikator für die Bündchenlänge sollte in diesem Fall **0,9** bei Bündchenware und bei Jersey **0,95** sein. Die Verarbeitung entspricht dann zunächst genau dem klassischen Bündchen.

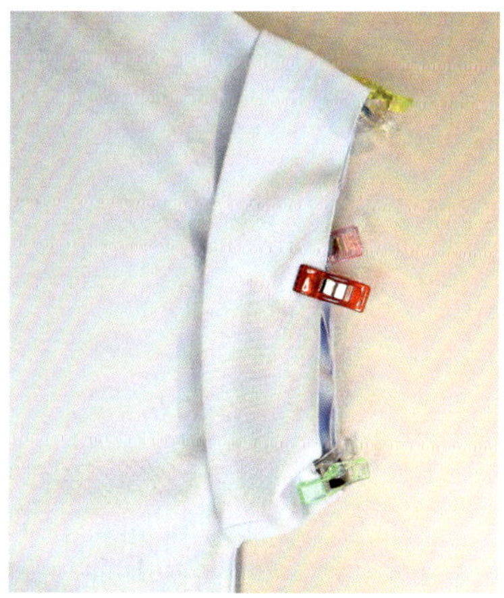

Das angenähte Bündchen nach außen umklappen, sodass die Naht abgedeckt wird, und die Bruchkante bügeln. Nun den Umschlag an Schulter, Seitennaht und jeweils mittig vorne und hinten mit dem Geradstich etwa je 1 cm lang neben der Bruchkante feststeppen.

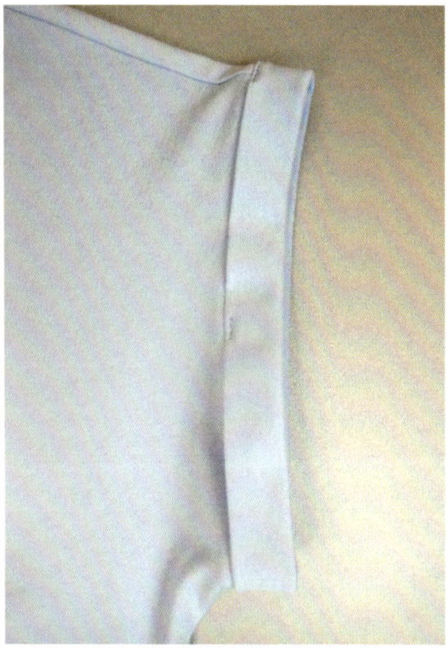

Verdrehtes Bündchen

Als witziges Detail für Halsloch und Ärmelsaum wird dieses Bündchen im Prinzip wie das klassische Bündchen angelegt. Die langen Bündchenkanten werden dann aber nicht genau deckungsgleich im Bruch, sondern ca. 1,5 cm bis 2 cm verschoben innerhalb der Nahtzugabe zusammengenäht. Die entstandenen Falten leicht anbügeln.

Anschließend die kurzen Kanten gerade schneiden und das Bündchen im Ring schließen. Die Fadenraupe sauber einziehen oder vernähen, die Nahtzugabe auf eine Seite legen und knapp neben der Naht feststeppen.

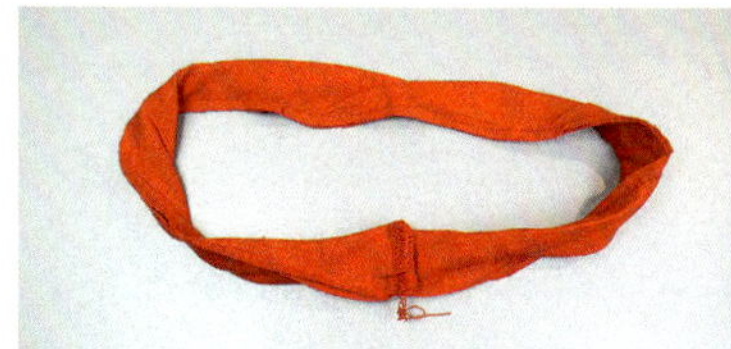

Nun kann das Bündchen eingenäht werden. Für diese Verarbeitung eignet sich keine Bündchenware.

Ausschnitt und Kanten mit Jerseystreifen versäubern

Einen Jerseystreifen in der Breite von **4x der Nahtzugabe + 2-3 mm** in genau der Länge des zuvor ausgemessenen Ausschnittes zuschneiden, z. B. wäre bei 0,7 cm Nahtzugabe der Streifen 3 cm.
Den Jerseystreifen entlang der Längskante links auf links zur Hälfte aufeinanderlegen und die Bruchkante bügeln. Den Streifen zum Ring schließen und die Längskanten fixieren, indem sie an einigen Stellen kurz mit dem Geradstich innerhalb der Nahtzugabe festgesteppt werden. Dann die Nahtzugaben auseinanderbügeln. Die Längskanten des Streifens wieder links auf links aufeinanderlegen und die Kanten an ein paar Punkten mit dem Geradstich fixieren.

Den Streifen rechts auf rechts an die Ausschnittkante stecken und annähen.

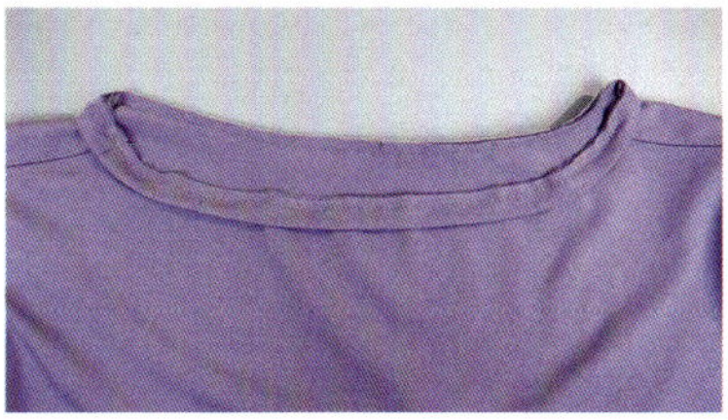

Den Streifen nach innen umlegen und die Kante im Nahtbruch flachbügeln. Nun den Streifen feststecken und den Ausschnitt entlang der inneren Streifenkante absteppen.

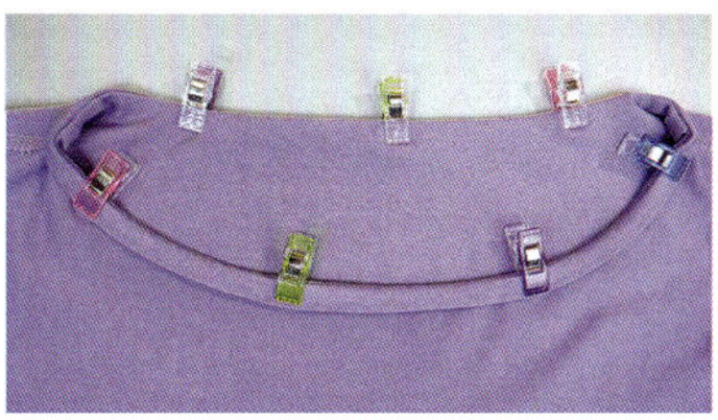

Anschließend den Ausschnitt von innen wieder schön glattbügeln.

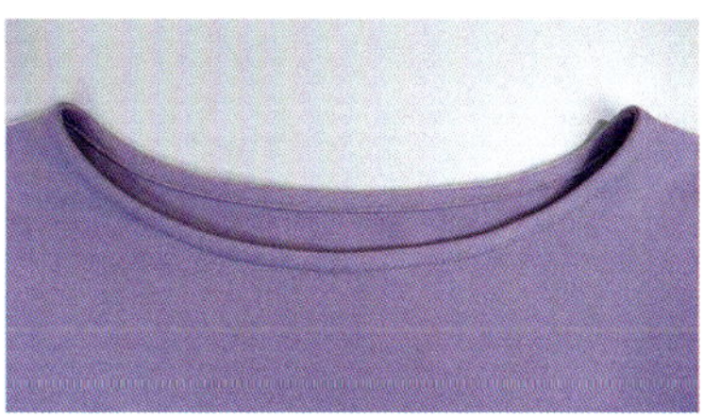

Diese Verarbeitung ist eine dezente Lösung für größere Ausschnitte, die nicht sehr elastisch sein müssen, kann aber auch als Kantenabschluss für das Armloch von Mavie und Enya verwendet werden.

Wir haben auch die Kanten des Knotenärmels AE auf diese Weise verarbeitet. Auch hier erst die Jerseystreifen in der Länge der Kanten zuschneiden. Für eine schöne Ecke der Ärmelbänder die kurzen Kanten der Jerseystreifen wie beim V-Ausschnittbündchen *auf Seite 112* in einem Winkel von 45° abnähen und die Nahtzugaben auseinanderbügeln.

Streifen wie oben beschrieben an die Ärmelkante nähen, dabei soll die Spitze dieser Naht genau in die Naht des Streifens treffen.

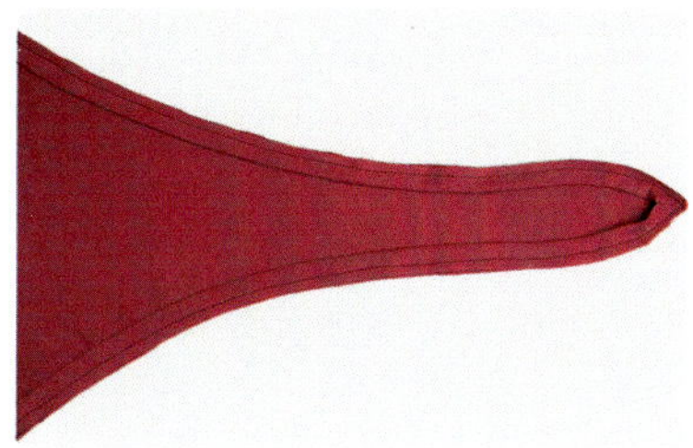

Nun Streifen nach innen umlegen, im Nahtbruch flachbüglen und feststecken.

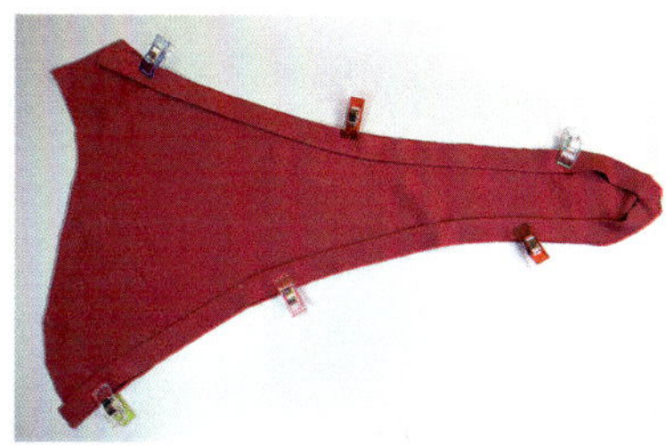

Jerseystreifen knapp neben der Kante absteppen.

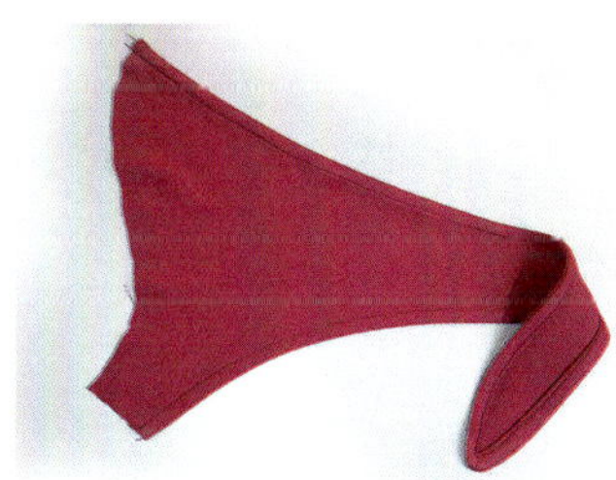

Ausschnitt und Kanten einfassen

Als elegantere Alternative zu Bündchen oder generell bei etwas festeren Jerseys ist ein mit einem Jerseystreifen eingefasstes Halsloch ideal. Diese Arbeitsweise eignet sich auch als schöner Abschluss für Kanten wie z. B. beim Rückenschlitz bei unserem Modell Tamina 6 mit Volantärmel *auf Seite 42.* Auch Saumkanten lassen sich so verarbeiten.
Wenn man für den den Einfass einen Kontrastjersey wählt, bekommt das T-Shirt noch einen extra Hingucker. Am Schnittteil müssen hierfür keine Nahtzugaben angestellt werden. Die fertige Breite des Einfassstreifens ist variabel im Bereich zwischen 0,5 cm und 1,0 cm. Letzteres Maß sollte zumindest bei stark gerundeten Kanten wie dem Halsloch nicht überschritten werden, da sich der Einfass sonst nicht mehr schön in diese Rundungen legt. Für die Breite des Schnittteils rechnen Sie **4x die gewünschte Einfassbreite + 0,2 cm**, z. B. 4x 0,7 cm + 0,2 cm = 3 cm Streifenbreite. Die Länge des Einfassstreifens entspricht der vorher ausgemessenen Schnittkante zuzüglich Nahtzugabe an beiden kurzen Seiten.

Erst die Längskanten des Jerseystreifens zur Hälfte links auf links umbügeln. Anschließend die Längskanten jeweils zur Bruchkante hin gleichmäßig links auf links umbügeln. **Tipp:** Einfach gehen diese Arbeitsschrite auch mit einem Falzbandformern (z. B. von Prym). Es gibt im Fachhandel auch schon fertige Jerseyfalzbänder in vielen Farben.

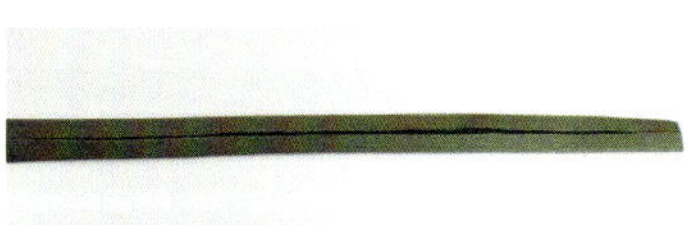

Den Einfassstreifen an der kurzen Seite schließen und die Nahtzugaben auseinanderlegen. Den Streifen nun an der Kante – hier ist es das Halsloch – feststecken und in der Breite des ersten Falzbruches bzw. in der Einfassbreite rechts auf links mit Geradstich annähen.

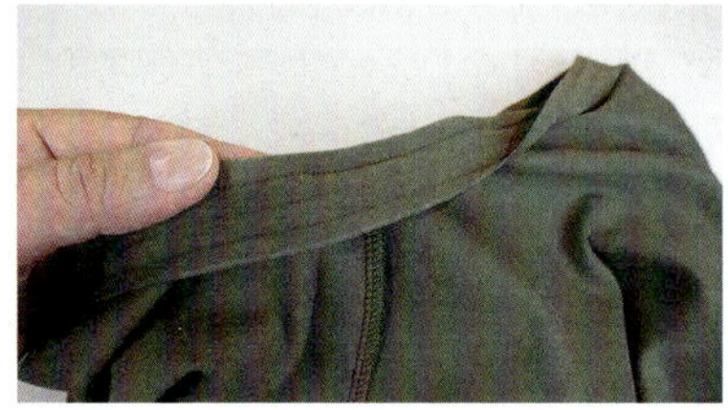

Anschließend den Einfassstreifen über die Kante zur rechten Stoffseite hin umlegen und feststecken. Darauf achten, dass die Naht abgedeckt ist.

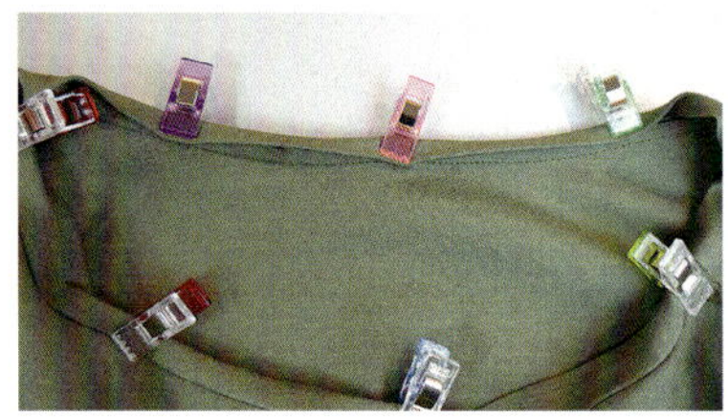

Nun entlang der Kante den Einfass mit Geradstich feststeppen.

Einfassen bei Öffnungen

Wird wie bei Modell Tamina 6 mit Volantärmel *auf Seite 42* eine Knopfschlinge am oberen Schlitzende im Einfass angebracht, so muss diese nach dem Annähen des Einfassstreifens an das Kantenende ab der Innenseite innerhalb der Nahtzugabe festgenäht werden.

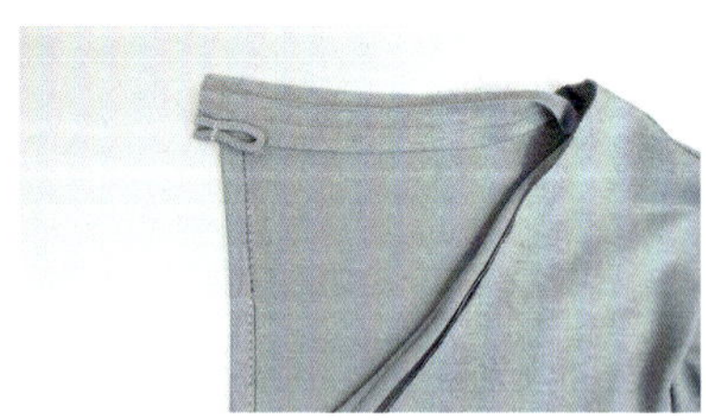

Die Einfassstreifen an den kurzen Enden nun rechts auf rechts umschlagen und im Verlauf der Längskante steppen. So sind werden die Enden verstürzt.

Die Enden wenden, Ecken sauber herausziehen und Nahtzugaben etwas zurückschneiden, damit das Ende nicht dick wird. Nun den Einfassstreifen über die Kante legen, die Naht dabei abdecken und feststecken.

Da das Annähen der Knopfschlinge zugegebenermaßen gerade für Nähanfängerinnen eine Herausforderung ist, kann der Einfass auch ohne Unterbrechung genäht werden. Dazu die Schlitzkanten vor dem Einfassen oben kurz mit dem Geradstich Kante an Kante fixieren. **Achtung:** Für Halslochform HLA ist eine Verarbeitung ohne Schlinge nicht geeignet, da der Ausschnitt zu klein ist.

Diese Verarbeitung findet auch bei den Cut-Outs von Modell Enya 3 mit Cut-Outs am Ausschnitt *auf Seite 104* Anwendung.

Knopfschlinge

Für die Knopfschlinge wird ein etwa 5 cm langer und 3 cm breiter Jerseystreifen in Querrichtung benötigt. Diesen an den Längskanten rechts auf rechts zur Hälfte aufeinanderlegen. Mit einem **kurzen** Geradstich erst 5mm von der Bruchkante dann trichterförmig auf 3mm verjüngend einen schmalen Schlauch nähen. Die Enden jeweils vernähen.

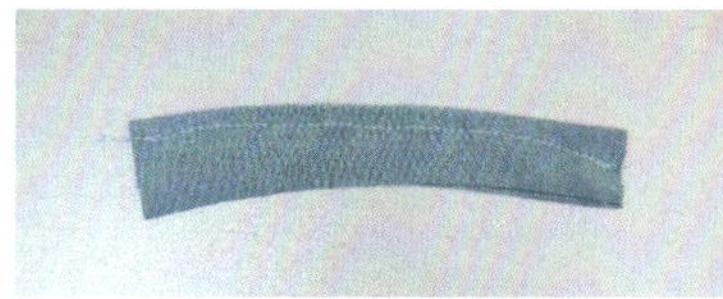

Die Schnittkanten auf 2-3 mm verschneiden. Nun per Hand mit einer Sticknadel ein paar Stiche um die Kante der Öffnung nähen. Dafür ein dickeres, reißfestes Garn verwenden. Die Sticknadel anschließend durch die Öffnung entlang des Schlauches ziehen und das umgenähte Ende mit hindurchziehen.

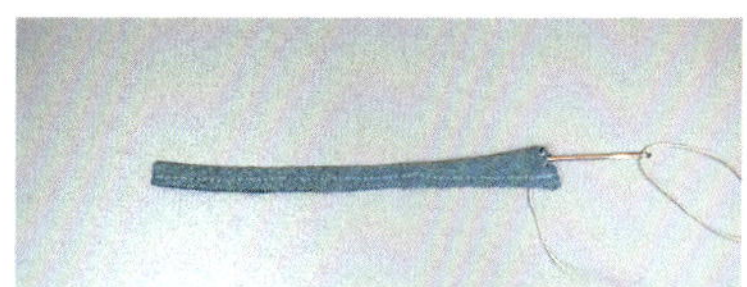

Das so entstandene Röllchen nun in der passenden Größe zum Knopf (Ausprobieren!) zuschneiden und als Schlinge geformt fest annähen, siehe *Einfass bei Öffnungen auf Seite 116*.

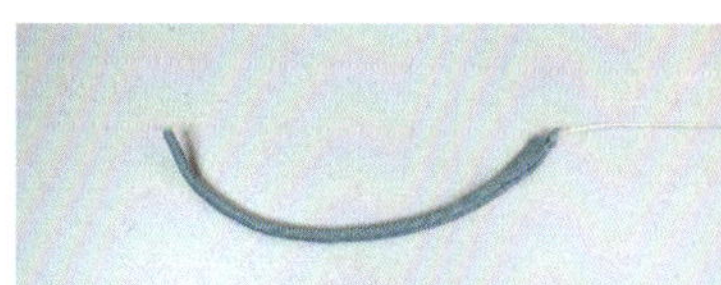

Alternativ können statt einer selbstgenähten Jerseyschlinge auch ein dünnes Rundgummi oder ein elastischer schmaler Strickschlauch aus dem Fachhandel als Knopfschlinge verwendet werden.

Faltendetail im Vorderteil

Bei den Grundformen Lisann L2 und Mavie M2 bieten wir eine tolle Faltenlösung am Vorderteil, die komplizierter aussieht als sie tatsächlich ist:

Die untere Ausschnittkante mit einem bi-elastischen Einlagestreifen fixieren, sodass die Einlage knapp über die Nahtzugabe reicht.

Die Kanten des Ausschnittbeleges mit der Overlock versäubern. Beleg rechts auf rechts an die Kanten der Vorderteil-Schlitzöffnung stecken und mit dem Geradstich annähen. Die Nahtzugabe in den Ecken bis knapp vor die Naht einschneiden.

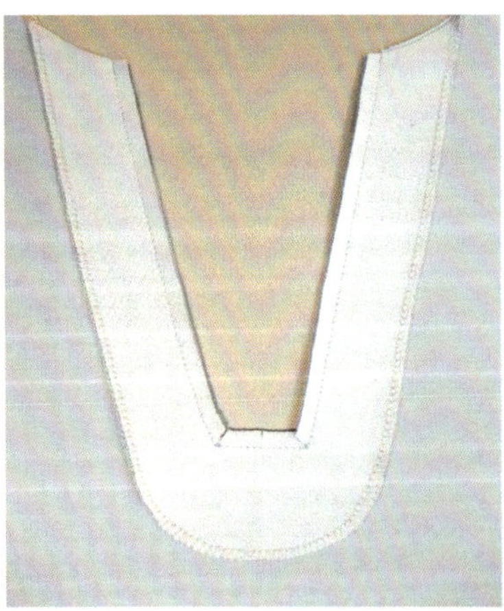

Den Ausschnittbeleg nach innen wenden, die Kanten im Nahtbruch flachbügeln. Den Beleg an den Halslochkanten mit Geradstich innerhalb der Nahtzugabe festnähen.

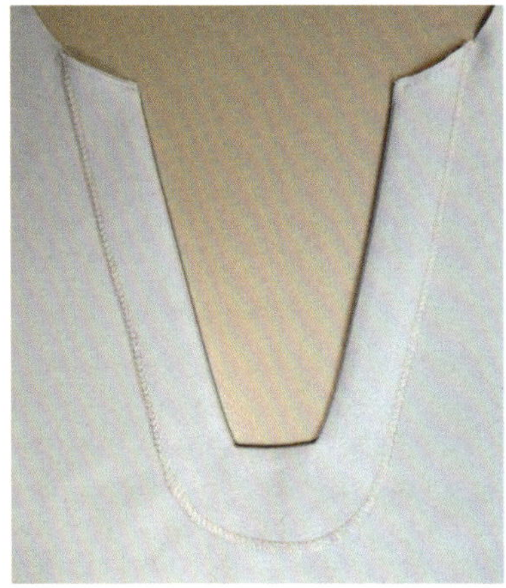

Nun am Vorderteil die Falte legen – der Faltenbruch beginnt jeweils an der verstürzten Ecke. Hierzu die Markierungen am Schnitt beachten. Falte feststecken und knapp neben der verstürzten Querkante feststeppen.

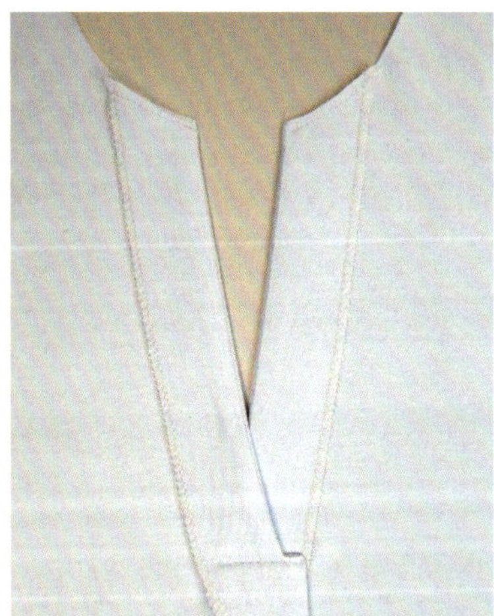

Gummiband einziehen

Die Saumkante doppelt nach innen bügeln und kantig steppen. Die Saumbreite ist variabel und richtet sich auch nach der Gummibreite bzw. umgekehrt. Bei einer Gummibreite von 0,5 cm ist eine Saumbreite von 1 cm ideal, d.h. die Saumbreite beträgt in diesem Fall 2 cm.

Ein Stück der Ansatznaht offenlassen. Durch diese Öffnung nun das Gummiband mit Hilfe einer Sicherheitsnadel einziehen.

Beide Enden des Gummibandes 1 cm übereinanderlegen und feststeppen. Dann das offene Stück der Saumnaht schließen.

Wird nicht über den gesamten Saum Gummi eingezogen, sondern nur in einen Teil, muss erst nur die Strecke des Saums genäht werden, in die der Gummi eingezogen wird wie z. B. bei den Ärmeln von Modell Mavie 5 mit U-Boot-Kragen *auf Seite 90*. Nun das Gummiband mit einer Sicherheitsnadel einziehen und an den Nahtenden quer zur Saumkante festnähen. Anschließend den restlichen Saum nähen.

Saumschlitze

Zunächst jeweils die Schlitzkanten von Saum bis ca. 6cm oberhalb der Schlitzenden versäubern.

Die Seitennaht vom markierten Schlitzbeginn zum Armloch hin mit dem Geradstich ein Stück schließen.

Anschließend die Seitennaht durchgehend mit der 4-Faden-Overlock schließen und oberhalb des Schlitzes während des Nähvorgangs die Nahtzugaben auseinanderlegen. Die Fadenraupe einziehen oder vernähen und Saumzugaben der Schlitzkanten nach innen umbügeln.

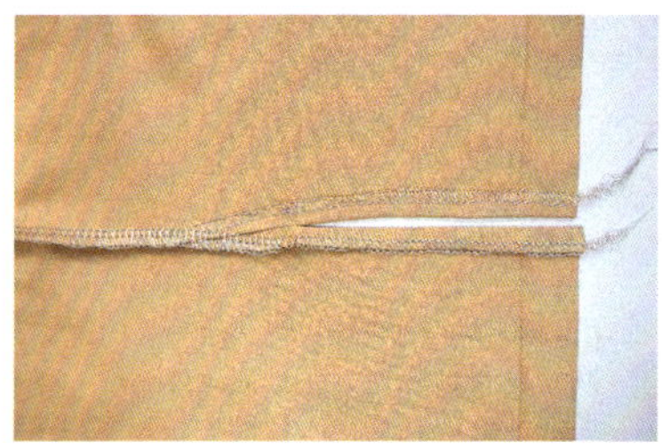

Nun erst die Quersäume und anschließend die Schlitzsaumzugaben rundum feststeppen, dabei an einer Saumkante beginnen, am Schlitzende quer steppen und am anderen Saumende abschließen.

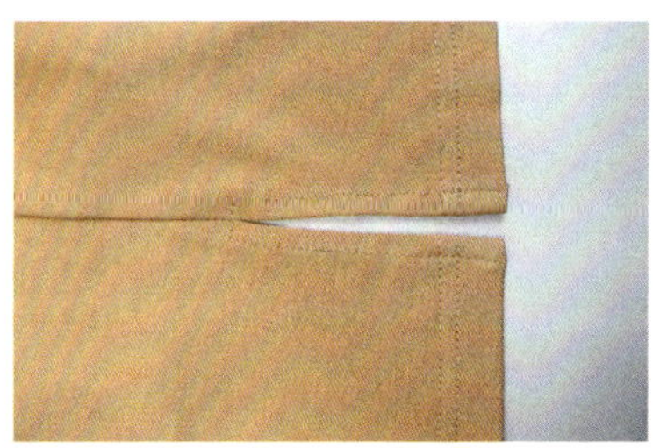

Hinteres Halsloch innen abdecken

Die innere Overlocknaht eines hinteren Halslochs lässt sich bei Ausschnittverarbeitungen, deren Nahtzugaben innen sichtbar bleiben wie z. B. bei Kapuzen oder Bündchen verschönern, indem sie mit einem Streifen aus Jersey abgedeckt wird. Der Jerseystreifen kann dazu aus derselben Ware oder einer Kontrastware gewählt werden.

Abdecken mit einem Jerseystreifen

Dazu einen Streifen in der Länge der hinteren Halslochlänge zuzüglich Nahtzugabe und der Breite von **3x Nahtzugabe + 2 mm** zuschneiden. Die Enden abschrägen.

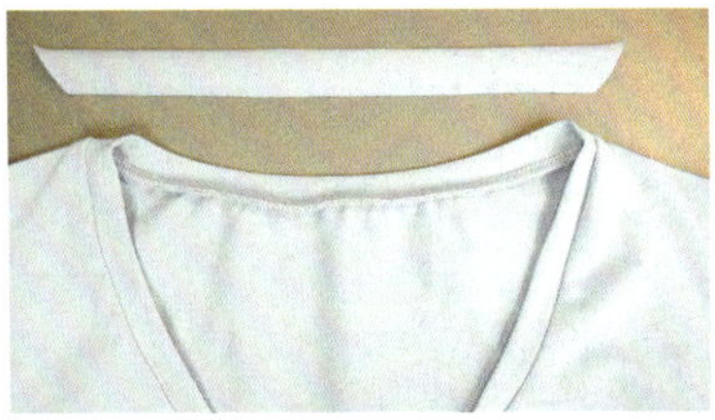

Die schrägen Enden 0,5 cm nach innen umklappen und den Streifen rechts auf rechts entlang der Bündchen-Ansatznaht von Schulter zu Schulter am hinteren Halsloch annähen.

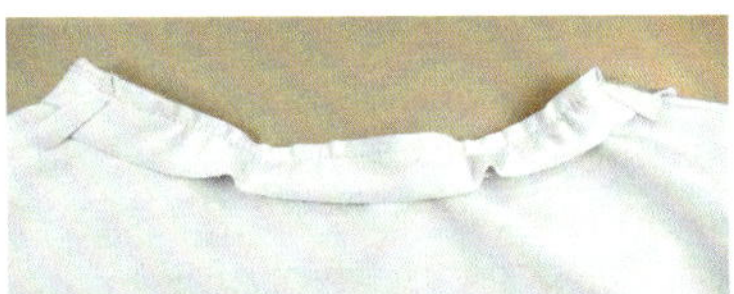

Den Streifen um die Nahtzugabe herumlegen und die so eingefasste Nahtzugabe am Rückteil feststecken.

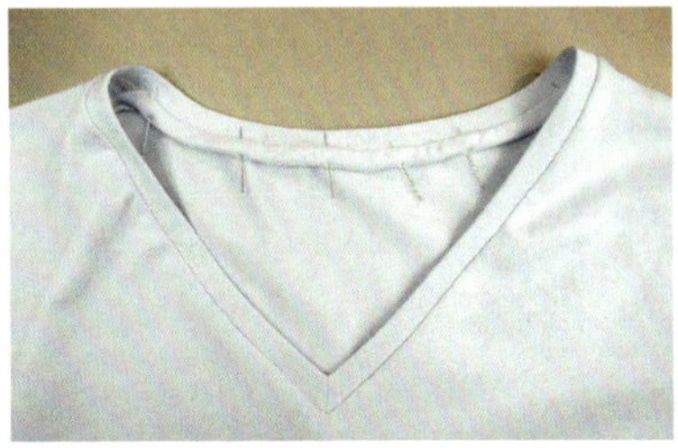

Dann entlang der umgelegten Kante absteppen.

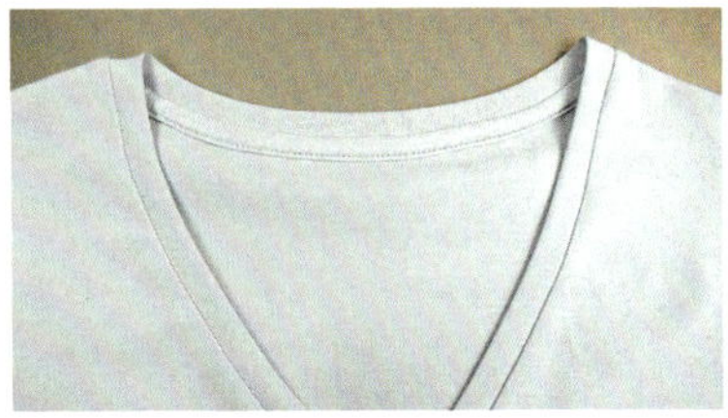

Abdecken mit einem Webbändchen

Für eine etwas leichter zu arbeitenden Variante wird die Naht mit einem Webbändchen wie Satin- oder Köperband abgedeckt. Das Webband zunächst nur an der Nahtzugabe der hinteren Halslochnaht entlang der Kante aufsteppen. Dann das Bändchen entlang der gegenüberliegenden Seite feststeppen.

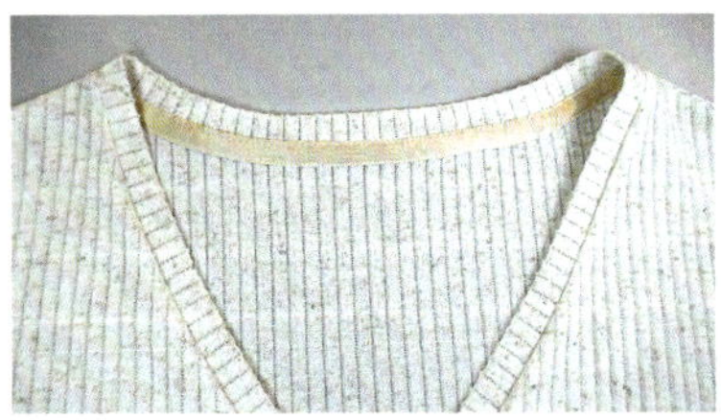

Abdecken mit einem Beleg

Passend für alle Halslöcher gibt es jeweils ein rückwärtiges Belegschnittteil, mit dem das hintere Halsloch ebenso sauber wie effektvoll abgedeckt werden kann. Bei sehr dünnen Jerseys empfiehlt es sich, den Beleg mit dünner bi-elastischer Einlage zu fixieren.

Die untere Nahtzugabe an der linken Seite nach oben bügeln. Hierbei kann eine Schablone hilfreich sein, wie bei Aufgesetzter Tasche *auf Seite 110* gezeigt.

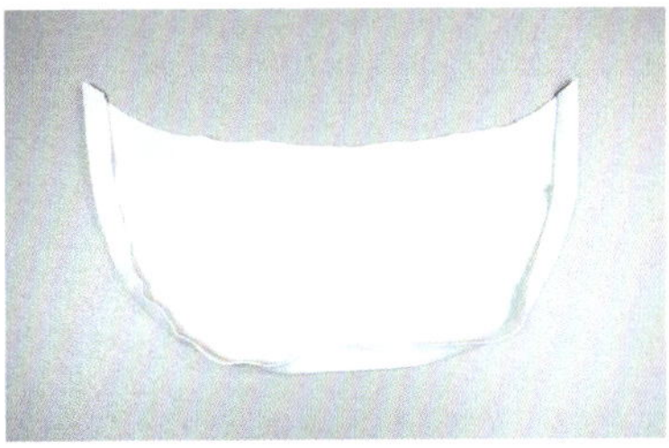

Anschließend den Beleg innen rechts auf links an die Nahtzugabe des hinteren Halslochs von Schulternaht zur Schulternaht stecken und annähen.

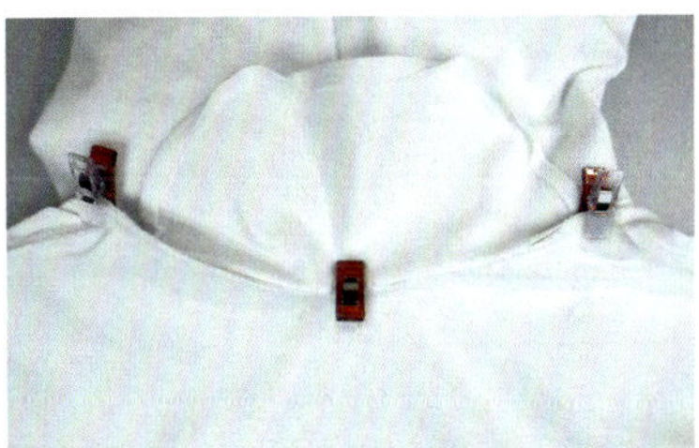

Den Beleg nach unten umlegen, sodass er nun links auf links mit dem Rückteil liegt, und die umgebügelten Kanten feststecken.

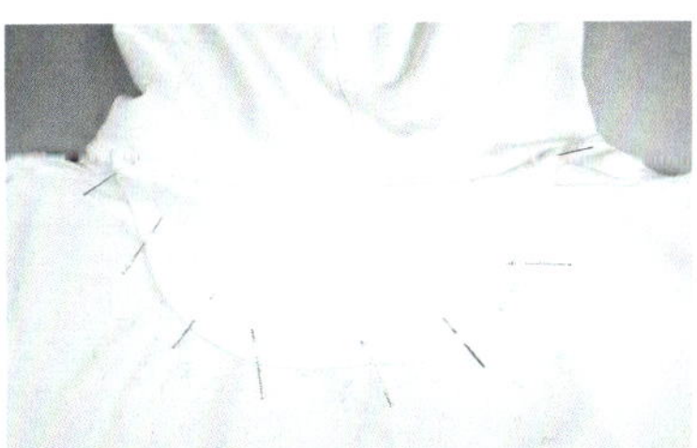

Anschließend den Beleg entlang der Kante mit Geradstich feststeppen. Nach Wunsch auch noch ein zweites Mal füßchenbreit neben dem ersten Stepp nähen.

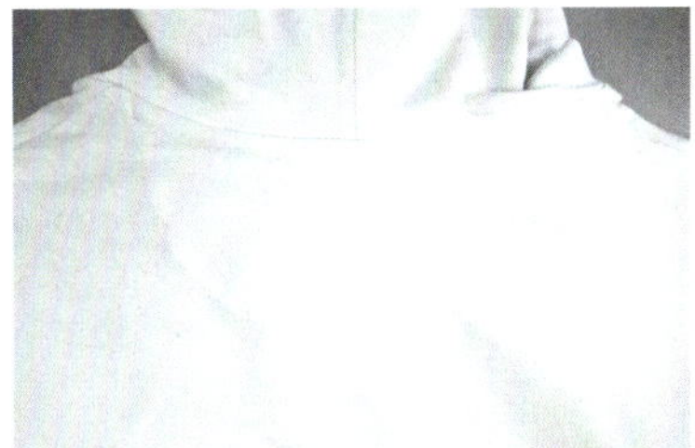

Die Nahtzugabe des hinteren Halslochs ist nun sauber abgedeckt. Verwenden Sie für den Beleg eine Kontrastware, bekommt Ihr T-Shirt ein zusätzliches Highlight.

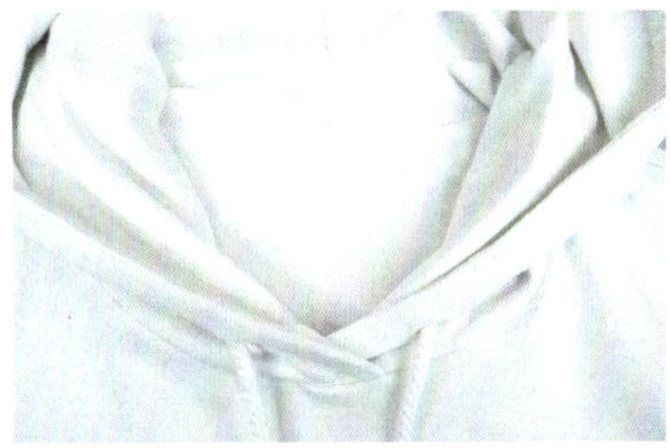

Säumen

Für die Verarbeitung des Saums an Rumpf und Ärmeln bieten sich verschiedene Möglichkeiten an. Grundsätzlich muss bei T-Shirts aus Jersey immer darauf geachtet werden, dass der Saum elastisch bleibt. Sehr gute Ergebnisse lassen sich mit einer Coverlock erzielen. Wer viel mit Jersey näht, sollte sich vielleicht die Anschaffung einer solchen Spezialmaschine überlegen. Aber auch mit der normalen Haushaltsnähmaschine kann man schöne T-Shirts-Säume nähen.

Einfacher Saum

Die Saumkante versäubern und in der Breite der Saumzugabe nach links umbügeln. Dann den Umschlag knapp neben der versäuberten Kante mit Geradstich in einer längeren Stichlänge (3,5 – 4 mm) bei reduziertem Nähfußdruck festnähen. Hilfreich ist dabei ein Nähfuß mit Obertransport.

Anstatt des Geradstichs ist auch der Zick-Zack-Stich gut geeignet. Viele Haushaltsnähmaschinen bieten auch Spezialstiche an, die sich zum Säumen eignen. Einfach mal ausprobieren!

Doppelter Saum

Bei fertigen Saumbreiten von bis zu 1,5 cm die gewünschte Saumbreite doppelt als Nahtzugabe anstellen. Soll der Saum breiter sein, so benötigt man die Saumbreite + 1 cm als Nahtzugabe.
Zunächst bei schmalen Säumen die Hälfte der Nahtzugabe, bei breiteren Säumen nur 1cm nach innen umbügeln. Im nächsten Arbeitsschritt die restliche Nahtbreite zur linken Stoffseite bügeln. Entlang der oberen Kante den Saumeinschlag nun mit einem dehnbaren Stich festnähen. Dieser Saum ist gut für Gummizug-Abschlüsse geeignet.

Coverlocksaum

Für das Säumen mit der Coverlock wird die Saumkante ebenfalls nach links umgebügelt und anschließend von außen abgesteppt. Da sich mit der Coverlock nicht rückwärts nähen lässt, müssen die Nähgarnenden mit der Hand verknotet oder vernäht werden.

Wird von der linken Seite mit der Coverlock genäht, ist der innere Versäuberungsstich dann als Flatlockstich außen und ein besonderes Detail.

Rollsaum

Mit dem Rollsaum der Overlock können Säume schmal versäubert und auch wellige Saumabschlüsse gearbeitet werden. Dafür mit der Rollsaum-Einstellung der Overlockmaschine entlang der Saumkante nähen. Für einen gewellten Saum wie beim Modell Tamina 3 *auf Seite 30* unter Zug entlang der Saumkante nähen. Dabei die Einstellungs-Empfehlungen des Overlock-Herstellers beachten!

Bei allen Saumarten gilt: Unbedingt vorher eine Probenaht auf einem Reststück des verwendeten Jerseys nähen!

Kragen

Dass auch T-Shirts Kragen-tauglich sind, haben wir ja schon anhand unserer Modelle bewiesen.
Hier zeigen wir detailliert, wie sie perfekt gelingen.

Schluppenkragen

Eine Seite des Kragens entlang der Halsansatzkante entsprechend der Markierung mit einem Einlagestreifen z. B. von Vlieseline fixieren.
Dann den Kragen wie folgt verstürzen: Die langen Seiten des Schluppenkragens rechts auf rechts aufeinanderlegen und von der Halsansatz- Markierung bis zur Bruchkante der schrägen kurzen Kante zusammennähen. Die Nahtzugabe der fixierten Kante zum Nahtende hin einschneiden und nach innen umbügeln.

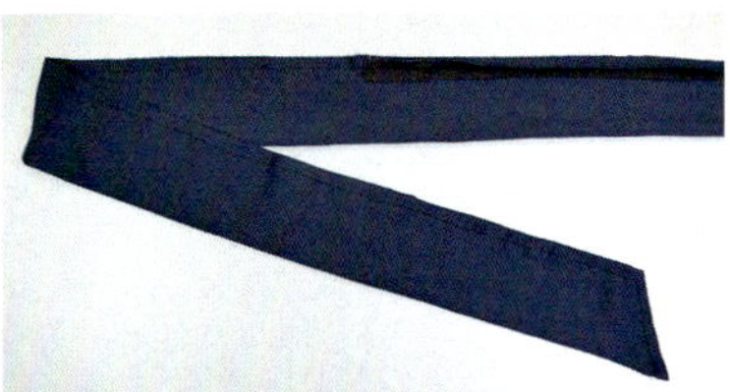

Den Schluppenkragen anschließend wenden, die Ecken vorsichtig ausziehen und die Kanten im Nahtbruch flach bügeln. Den Kragen entlang der offenen Kante nun innen rechts auf links an das Halsloch nähen.

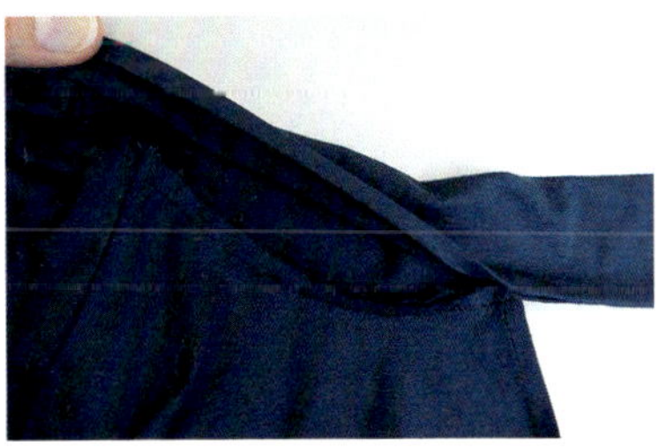

Jetzt die umgebügelte Kante am Halsloch außen feststecken, sodass die Naht gerade abgedeckt wird und den Kragen kantig feststeppen.

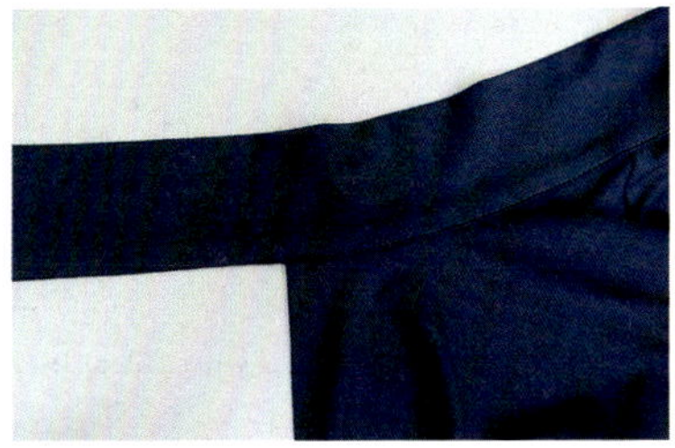

Tipp: Wenn Sie einen üppigeren Kragen möchten, verdoppeln Sie einfach die Kragenbreite! Verarbeitet wird dieser auf die gleiche Weise. Angezogen dann am Halsloch einfach zur Hälfte nach außen umschlagen und vorne wie gehabt eine Schleife binden.

Stehkragen

Dieser Kragen wird in Kombination mit den Falten-Vorderteilen von Lisann L2 und Mavie M2 angenäht.

Innen- und Außenkragen müssen mit einer dünnen, bielastischen Einlage z. B. von Vlieseline nach Herstellerangaben fixiert werden. **Tipp:** Bei sogenannten Kleinteilen wie Kragen erst ein Stück Stoff in passender Größe mit Einlage fixieren, dann erst die Schnittteile zuschneiden. So werden die Teile passgenauer und können auch nicht mehr durch das Fixieren einlaufen.

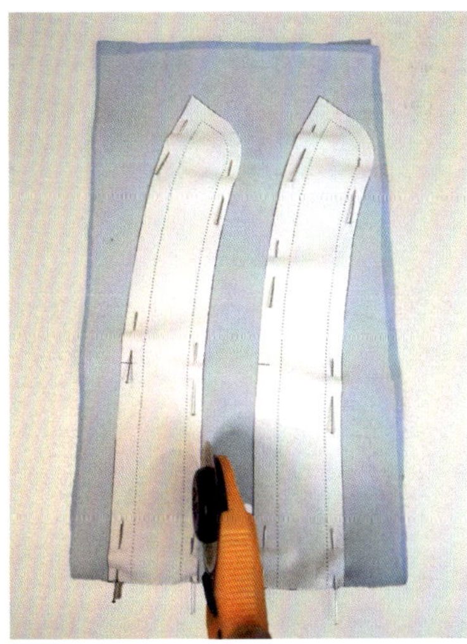

An einem der Kragen die Nahtzugabe der Kragenansatzkante umbügeln.

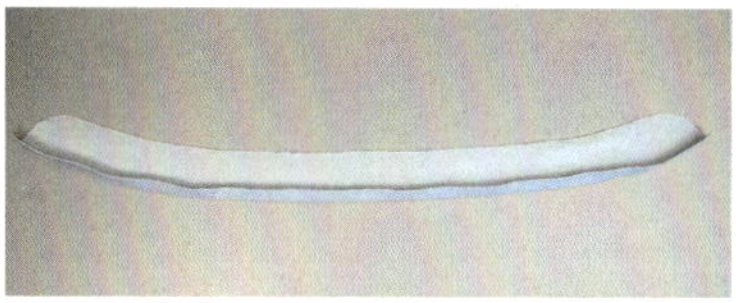

Nun die Kragen rechts auf rechts aufeinanderlegen und an der oberen Kante zusammennähen. Die umgebügelte Kante dabei festnähen. Die Nahtzugabe auf 0,4 cm verschneiden, im Bereich der Kragenrundung auch etwas schmaler, damit sich die Rundung legt.

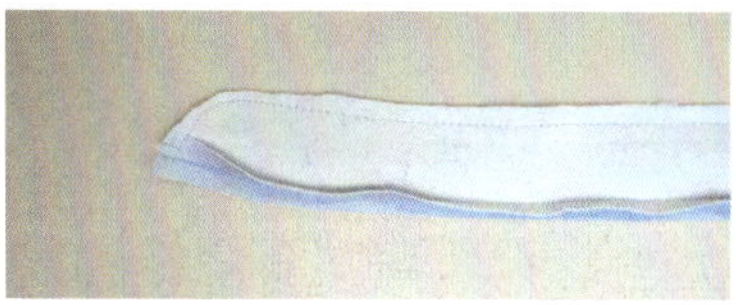

Anschließend den Kragen innen mit der Kante rechts auf links an das Halsloch stecken und annähen. Dabei darauf achten, dass die Kragenenden genau am Halsloch aufeinandertreffen.

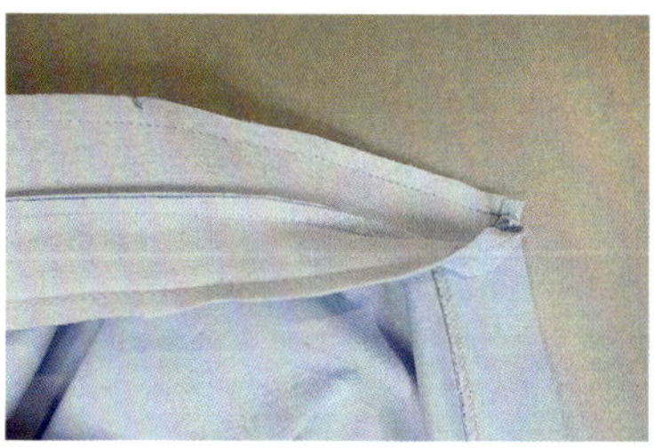

Nun die Nahtzugabe des Halslochs zum Kragen hin bügeln und die umgebügelte Kragenkante an der Außenseite entlang der Halslochnaht feststecken. Diese muss die Ansatznaht abdecken.

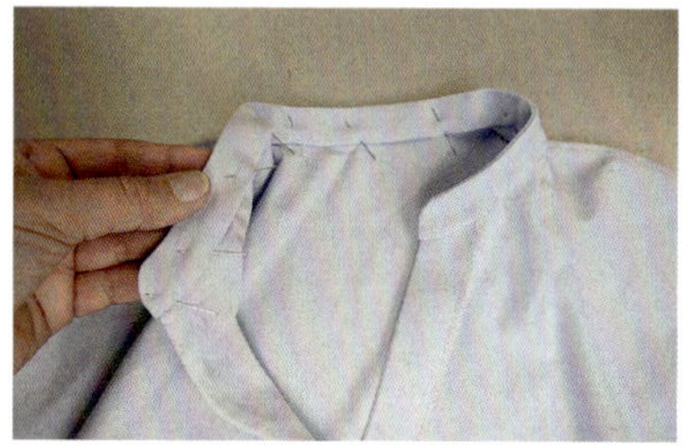

Zum Schluss den Kragen kantig feststeppen.

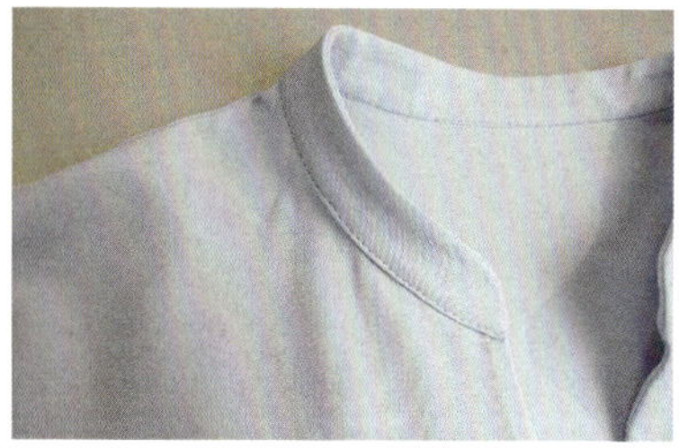

Ausschnittblende

Die Ausschnittform HLB lässt sich mit einer Blende verbreitern. Diese kann wie hier gezeigt an der Außenseite liegen, aber auch andersherum gearbeitet werden, sodass die Blende innen aufgenäht ist. Auch hier kann nach Belieben mit Kontraststoff gearbeitet werden.

Die Blendenschnittteile mit bi-elastischer Einlage z. B. von Vlieseline nach Herstellerangaben fixieren, siehe Tipp zu Stehkragen Bild 1 *auf Seite 123.*

Mit Hilfe einer Schablone die Außenkanten der vorderen und hinteren Blende umbügeln.

Für die Bügelschablone einfach das Schnittteil ohne Nahtzugabe der Außenkante auf einem Stück Karton oder Pappe aufkleben und ausschneiden.

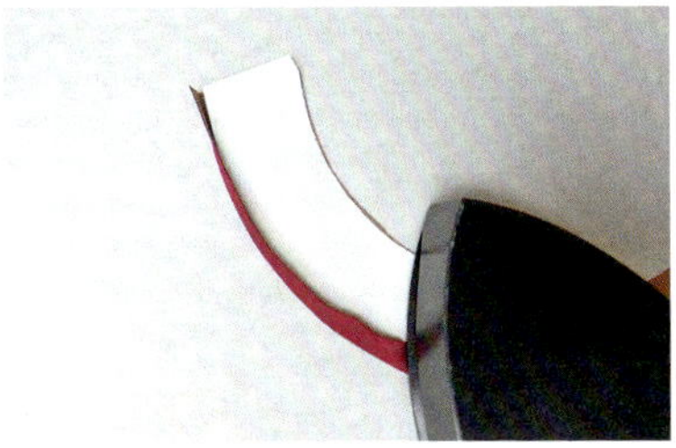

Die Vorderteilblende rechts auf rechts auf die Rückteilblende legen, die Schulternähte schließen und auseinanderbügeln. Die Blende rechts auf links an den Ausschnitt stecken. Soll die Blende innen liegen, so muss sie rechts auf rechts angenäht werden.

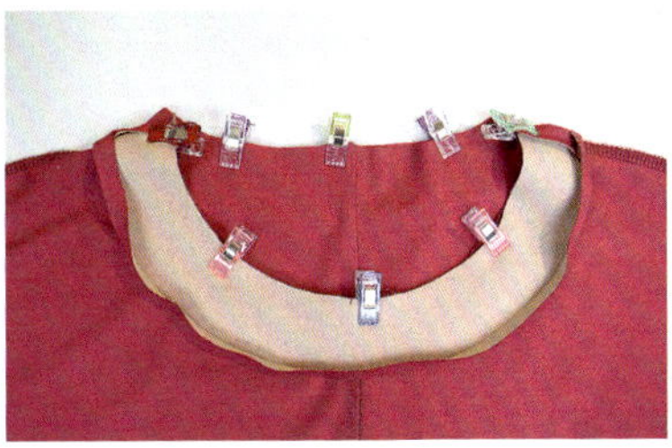

Die Blende nun annähen, die Nahtzugabe auf 5 mm verschneiden und die Nahtzugabe in regelmäßigen Abständen bis kurz vor die Naht einschneiden. So legt sich die Ausschnittkante besser in die Rundung und es gibt keine unerwünschten Ecken.

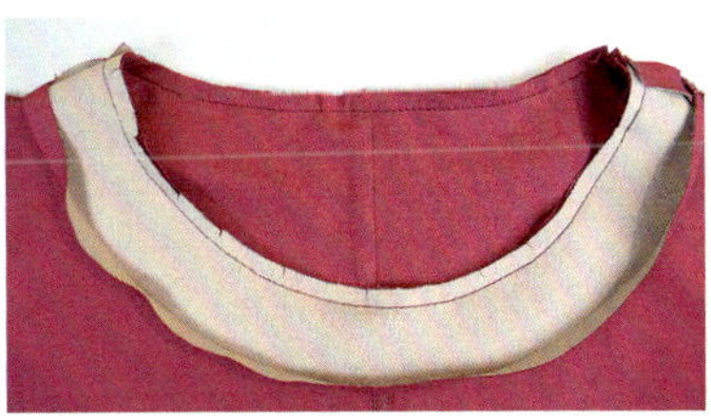

Nun die Blende wenden und die Blendenansatznaht im Nahtbruch flachbügeln. Die Blende an den bereits umgebügelten Kanten auf der Außenseite des Shirts feststecken. Wurde die Blende rechts auf rechts angenäht, wird sie auf die Innenseite gesteckt.

Die Blende nun knapp neben der umgebügelten Kante feststeppen.

Tipp: Mit Ausnahme des Halslochs HLA, das aufgrund der geringeren Elastizität dieser Verarbeitung zu klein würde, kann jede unserer Ausschnittformen mit Beleg gearbeitet werden. Dafür parallel zum gewählten vorderen und rückwärtigen Halsloch in beliebigem Abstand von sinnvollerweise etwa 2 cm bis 6 cm eine Linie zeichnen. An diesen Linien nun den Beleg abpausen und die Nahtzugaben anstellen. Dann jeweils 1x im Bruch zuschneiden.

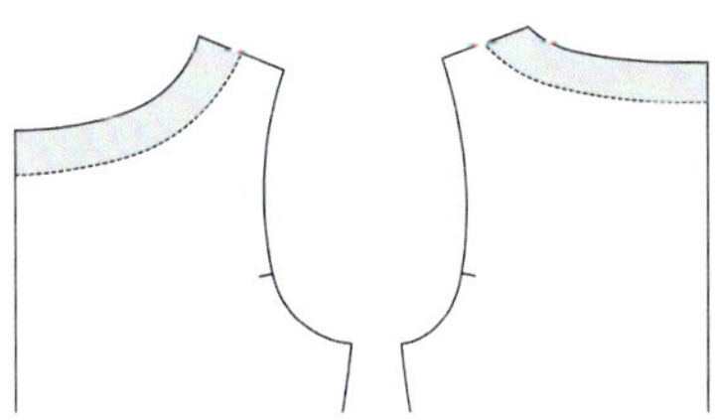

Impressum

Entwürfe und Ausführung: Christiane Münchenberg
Fotografie: Corinna Brix
Schnitte, technische Zeichnungen und Stepfotos:
Christiane Münchenberg
Redaktion: Helgrid van Impelen und Mareike Weber
Lektorat & Projektmanagement:
Stephanie van der Linden
Layout: Silke Schüler
Umschlaggestaltung: Regina Degenkolbe
Repro: LUDWIG:media
Herstellung: Kathleen Baumann
Printed in Slovakia by Neografia

★★★★★

Sind Sie mit diesem Titel zufrieden? Dann würden wir uns über Ihre Weiterempfehlung freuen.
Erzählen Sie es im Freundeskreis, berichten Sie Ihrem Buchhändler oder bewerten Sie bei Onlinekauf. Und wenn Sie Kritik, Korrekturen, Aktualisierungen haben, freuen wir uns über Ihre Nachricht an: Christophorus Verlag, Postfach 40 02 09, D-80702 München oder per E-Mail an lektorat@verlagshaus.de

Die Deutsche Nationalbibliothek verzeichnet diese Publikation in der Deutschen Nationalbibliografie; detaillierte bibliografische Daten sind im Internet über http://dnb.de abrufbar.

Für die freundliche Bereitstellung der Stoffe, aus denen die in diesem Buch gezeigten Modelle genäht wurden, danken wir herzlich:
Der rote Faden.de – Schneidereibedarf für Groß- und Einzelhandel (www.der-rote-faden.de) und
Buttinette.de (www.buttinette.com).

Infanteriestraße 11a
80797 München

ISBN 978-3-8410-6695-4

Kreativ-Service

Sie haben Fragen zu den Büchern und Materialien? Frau Erika Noll ist für Sie da und berät Sie rund um alle Kreativthemen. Rufen Sie an! Wir interessieren uns auch für Ihre eigenen Ideen und Anregungen. Sie erreichen Frau Noll per E-Mail: **kreativ-service@c-verlag.de** oder Tel.: **+ 49 (0)89 - 1306 99 - 577.**

Besuchen Sie uns im Internet: www.christophorus-verlag.de und selbstgemacht.de